《中华文明史话》彩图普及丛书

颐和园史话

《中华文明史话》编委会 编著

中国大百科全书出版社

图书在版编目(CIP)数据

颐和园史话 /《中华文明史话》编委会编. —北京:中国大百科全书出版
社,2016.1

(中华文明史话:彩图普及版)

ISBN 978-7-5000-9690-0

Ⅰ.①颐… Ⅱ.①中… Ⅲ.①颐和园 - 通俗读物 Ⅳ.①K928.73-49

中国版本图书馆 CIP 数据核字(2015)第 296159 号

丛书责编: 胡春玲　　马丽娜

责任编辑: 冯　蕙　　弓秀英

技术编辑: 尤国宏　　贾跃荣

责任印制: 邹景峰

中国大百科全书出版社出版发行

(北京阜成门北大街 17 号　邮政编码: 100037　电话: 010-88390317)

http://www.ecph.com.cn

新华书店经销

三河市兴国印务有限公司印刷

开本: 720×1020　1/16　印张: 7　字数: 78千字

2016年1月第1版　2018年11月第4次印刷

ISBN 978-7-5000-9690-0

定价: 24.00 元

《中华文明史话》编委会

主　　　编：龚　莉

副　主　编：辛德勇

编　　　委：唐晓峰　　韩茂莉　　钟晓青

　　　　　　吴玉贵　　彭　卫

《颐和园史话》

本 书 编 撰：谷　媛

序

北京大学教授 辛德勇

　　我不是一个科班出身的历史学工作者，基础的中国历史知识，几乎全部得自学。所谓"自学"，也就是自己摸索着读书。在这个过程中，一些篇幅简短的历史知识小丛书，给我提供过非常重要的帮助，是引领我步入中华文明殿堂的有益向导。按照我所经历的切身感受，像这样简明扼要的小书，对于青少年和其他普通读者了解中国的历史文化，应当会有更大的帮助。现在摆在读者面前的这套《中华文明史话》彩图普及丛书，就是这样一部中国历史知识系列专题读本。

　　编撰这样的历史知识介绍性书籍，首先是要保证知识的准确性。这一点说起来简单，要想做好却很不容易。从本质上来讲，这是由于历史本身的复杂性和认识历史的困难性所造成的，根本无法做到尽善尽美；用通俗的形式来表述，尤为困难。好在读者都能够清楚理解，它只是引领你入门的路标，中华文明无尽的深邃内涵，还有待你自己去慢慢一一领略。

这套《中华文明史话》彩图普及丛书，在首先注重知识准确性的基础上，编撰者还力求使文字叙述生动、规范，深入浅出，引人入胜；内容则注重富有情趣，具有灵动的时代色彩，希望能够集知识性、实用性、趣味性和时代性于一体；选题则努力契合社会公众所关注的问题；同时选配较多图片，彩色印刷，帮助读者更为真切地贴近历史。

生活在物质文化高度发达的当代社会而来学习久已逝去的历史知识，经常会有人提出为什么要读这些书籍的问题。中国古代士大夫对历史知识价值的阐释，是"以史为鉴"，即在现实社会生活中特别是处理政务时借鉴历史的经验。历史知识这一功能，直到今天，依然存在，但并不是与每一个人都有直接的关系。对于大多数社会普通民众，尤其是对于青少年朋友来说，我想，历史知识虽然既不能当饭吃，也不能当衣服穿，但却是人类精神不可或缺的基本营养要素。读史会使人们的头脑更为健全，智慧更为发达，情操更为高洁，趣味也更为丰富。

2012 年 4 月 4 日

目录 CONTENTS

引　言

　　颐和园是中国现存最完整的一座大型皇家园林。位于北京西北郊。前身清漪园，是乾隆帝于清乾隆十五年（1750）为庆贺生母孝圣宪皇太后六十岁寿辰而建，是一座兼有"宫"和"苑"双重功能的园林。颐和园兼有北方山川雄浑壮阔的气势和江南水乡婉约清丽的风韵，并兼蓄帝王宫室的富丽堂皇、民间宅居的精巧别致与宗教寺庙的庄严肃穆，成为中国园林艺术中的瑰宝。由于规划于清朝的鼎盛时期，这段时期恰是中国古典园林发展史上最辉煌的时期，因此颐和园积淀了深厚的中国园林文化传统，成为中国古典园林艺术的集大成者。举凡中国造园艺术中的山水规划、借景、模拟、对景等手段，都在颐和园中得到了体现，其气势之恢宏甚至超过了平地起造的圆明园和山地构筑的静宜园，成为中国古典园林的登峰造极之作。

　　1860年第二次鸦片战争中，清漪园被英法联军烧毁；1886年清政府予以重修，并于两年后改名"颐和园"，从此颐和园成

为晚清最高统治者在紫禁城之外最重要的政治和外交活动中心，是中国近代历史的重要见证与诸多重大历史事件的发生地。1900年，八国联军侵入北京，颐和园再遭洗劫，1902年清政府予以重修。1928年，颐和园正式辟为公园对外开放。中华人民共和国成立后，颐和园受到政府充分重视和保护，1961年中华人民共和国国务院公布其为第一批全国重点文物保护单位，1998年以"世界几大文明之一的有力象征"的崇高评价荣列《世界遗产名录》。

颐和园总面积300.8公顷，园内现存各式宫殿、园林古建筑3 000余间，面积约7万平方米，园藏文物近4万余件，古树名木1 600余株，融会贯通了中国几千年南北各地园林景观艺术，形成以万寿山、昆明湖及诸多宫苑建筑为主体的大型山水园林，其卓越的规划和精美的建筑，完美诠释了古代中国关于人与自然和谐统一的哲学思想、美学观念以及工艺造诣，显示了中国古代皇家宫廷对居住、游览、治国、修心等生活环境的物质和精神需求，是中国悠久造园艺术的经典范例，对东方园林艺术文化产生重要影响。其中佛香阁、长廊、石舫、苏州街、十七孔桥、谐趣园、大戏台等都已成为家喻户晓的代表性建筑。

一

盛世辉煌清漪园

1. 清漪园兴建的时代背景

清漪园，颐和园之前身，是中国封建专制时代营建的最后一座皇家御园。始建于清乾隆十五年（1750），历时15年而成，是可与紫禁城比肩的另一处皇家胜地。它的建造，有着天时、地利、人和的历史机缘。

（1）天时

顺治、康熙、雍正三朝励精图治，大规模的反清起义得到平息，西北边疆区域性的割据势力经过连年征战，关系趋向缓和；雍正时期肃吏和养廉制度的实施，使行政效率大为提高；国内多年既无严重的自然灾害，也无紧迫的财政问题。历史上曾对中国封建皇权造成种种威胁的势力，如外戚、宦官、朋党、权臣、强藩等被极大削弱。

乾隆面对雍正时期铁腕政治在社会和官场上造成的紧张和不满，进行了政策性调整，以宽严相济、恩威并用的施政理念缓和了当时紧张的政治气氛。稳定、清明的政治环境，为清漪园的兴建创造了良好的历史环境。

另一方面，雍正朝"摊丁入亩"和"改土归流"政策的实施，为乾隆时期经济的繁荣奠定了基础。乾隆沿用这些政策，保持了农业的持续发展，也使手工业在前朝的基础上有了长足的进步，商业城镇数量增多，对外贸易范围扩大。乾隆初年，全国的经济和国库储备达到了很高的水平。

面对富足的国库存银，乾隆常觉国库存贮甚多，因此把城市建设当作散财分资的途径之一，除用于军事征伐、减免赋税、赈济灾荒、治水浚河、倡导文化之外，乾隆还大兴土木，将宫殿、园林和城市的兴建与治水、赈灾、扶农相结合。

● 乾隆皇帝朝服像

　　清漪园的建设即是在乾隆帝这种"以工代赈""散财于民""兴土木而扩大物资流通"的经济策略下展开的，其兴建也促进了经济的良性发展和继续繁荣。

　　清军入关时，满族文化、汉族文化、世俗文化、西洋文化是影响中国大陆政治地图变迁的四大主流文化。它们规模不同，生产方式各异，文化观念和宗教信仰更是千差万别。清初几代帝王积极倡导汲取各种文化形式的精髓，兼收并蓄，采取一系列的改革和安抚措施，使得各种文化协调发展。

　　清王朝竭力维持延续本民族的萨满教文化，也积极学习文明程度远远高于自己的汉文化，把儒学作为治国之学，以赢得汉族人士的支持和拥护；鉴于藏、蒙民族在清王朝夺取全国政权中的重要作用，乾隆开始大兴黄教，以安抚蒙藏，以期达到以教治心的效果；对待西方先进的科学文化，乾隆承认自身之不足，主动学习西方艺术，并在圆明园中尝试着兴建西洋式园林——西洋楼。这些政策的实施，使得多元主流文化协调发展，达到了"协和万邦"的治国理想。

●《西洋楼铜版画·大水法正面》

　　这些文化政策在清漪园的建造中也得到了体现，乾隆效仿康熙，巡幸江南大量名园，仿建杭州西湖、无锡大运河的皇埠墩和惠山寄畅园等。同时乾隆借用各种宗教建筑以增强万寿山在全园的中心位置，丰富了园林文化内涵。

　　另外，明代以来积累的造园经验也为清漪园的落成打下了坚实基础。明中叶以后，江南一带商业和手工业的蓬勃发展，促进了私家园林的广泛兴建，留下了大量精致的私家园林，造园艺术趋于成熟。明末著名造园家计成著有《园冶》一书，于崇祯

● 明代私家园林——苏州拙政园

七年刊行。清初的园林建设是否直接受惠于《园冶》一书尚待考证，但毫无疑问，那一时期留下的江南园林的确是清代皇家园林模仿的范本。

清王朝入关定都北京后，完全沿用了明代的宫殿、坛庙。但新的统治者来自关外，不习惯北京城内炎夏溽暑的气候，仍保持着祖先驰骋山野骑射的传统，对大自然中的山川林木另有一番感情，因此皇家建设工程多集中在内廷园林、西郊园林和离宫御苑之上。康熙中叶，国家趋于稳定，库储充盈，北京西郊的皇家园林也拉开了建设的序幕。

乾隆继承康熙的造园理念，并将之推向高潮。其早年造园实践的成败带给他满足和遗憾，并激发着他新的创作热情，这也是后来乾隆皇帝食言，修建清漪园的原因之一。

(2) 地利

北京西北郊，向来以"神京右臂"闻名的西山自南向北峰峦连绵，余脉在香山兜转而东，犹如屏障一般拱列于平原的西、北两面。在其腹心地带，有两座小山岗凸起于平地之上，这就

是玉泉山和万寿山。附近泉水丰沛，湖泊星罗棋布，远山近水彼此烘托映衬，形成犹如江南的优美自然景观，为华北地区所罕见。

早在辽金时期，香山、玉泉山即为皇家行宫别苑。元代称万寿山为瓮山，其前偏西有湖名曰"瓮山泊"，即昆明湖的前身。随着元大都的建立，为保证漕运通畅，郭守敬疏导神山诸泉之水汇于瓮山泊，再往南开凿河道经通惠河注入大运河。瓮山泊也从早先的天然湖泊改造成为具有调节水量作用的天然蓄水池，水位得到控制，环湖一带出现寺庙、园林的建置，逐渐发展成为北京西北郊的一处风景游览地。

明朝永乐皇帝迁都北京，加大了对瓮山的开发力度，环湖建寺，改称瓮山泊为"西湖"，并在东侧修建西湖大堤，湖中荷花清香四溢，堤上垂柳婀娜多姿，远处层峦叠翠，沙鸥白鹭翱翔于天水之间，俨然一幅江南水乡画卷。如此美景吸引无数文人墨客留下了赞美的诗篇，如：

马汝骥《行经西湖》：

"珠林翠阁倚长湖，倒映西山入画图。若得轻舟泛明月，风流还似剡溪无。"

文徵明《西湖》：

"春湖落日水拖蓝，天影楼台上下涵。十里青山行画里，双飞白鸟似江南。"

在清漪园动工之前，为后人所熟知的三山五园中的四园——畅春园、圆明园、香山静宜园和玉泉山静明园已经建成。

瓮山西湖位于已建成的四园中部，西接玉泉山、香山，东邻畅春、圆明二园，作为从圆明园、畅春园西望西山的前景，与玉泉山、香山一起形成了近中远的多层景观，增大了景深；其东西走向的山体与南北走向的玉泉山形成对比，使这一景观富于变化。垂直相对的瓮山、玉泉山与其前的诸湖泊形成良好

● 清漪园昆明湖畔(1880～1890)

的山水合抱格局。另外，西湖、瓮山也是皇帝和太后们从圆明园、畅春园西去玉泉山、香山的必经之地，这在清漪园建成之后更为明显。

此处将四园连成一个整体，具有一园建成全盘皆活的点睛作用，深谙造园艺术的乾隆皇帝可能对此已了然于胸。

（3）人和

宋明理学继承了"内圣外王"这一传统儒家思想，强调内圣、外王二者结合、体用相依的关系。乾隆自幼深受推崇宋儒、熟谙理学的康熙的影响，将其作为毕生效仿的榜样。作为一国之君，"为圣为王"自然而然地成为他的最高理想，其在即位之前所编著的《乐善堂全集》中就有多篇文章阐述内圣外王之学，剖析修身、齐家、治国、平天下的道理。如：

"治天下者，以德不以力。故德胜者王，德衰者灭。"

"圣帝明王为治，莫不以礼为本，然后渐之以仁，摩之以义，和之以乐而天下化成。"

乾隆一生博览群书，强调不能为读书而读书，应阐幽发微，从中求得人生哲理和治世方略。在这种思想的推动下，乾隆在《三希堂集》中将周敦颐以士人身份提出的"圣希天，贤希圣，士希贤"倒叙为"希贤、希圣、希天"，并指出"三希为内圣外王之依仁，正符养心"。在后来乾隆大兴土木的造园活动中，这种理想升华为帝王居的艺术境界——圣王之内修其心的心斋构建。

清漪园的总体布局就是内圣外王的体现。乾隆在昆明湖的命名中效仿尧帝，表达其为圣王的理想。其在《万寿山昆明湖记》中指出，昆明湖乃"景仰放勋之迹"。"放勋"即指尧帝，记述秦汉时期地理故事的《三秦记》曾提到："昆明池中有灵沼，名神池，云尧时治水，尝停船于此地。"援名"昆明湖"，就是重述治水先迹。御制《金牛铭》中写道：

● 颐和园昆明湖东堤铜牛

"夏禹治河，铁牛传颂。义重安澜，后人景从……人称汉武，我慕唐尧……"

儒、释、道在清中期的高度统一，也激发了乾隆皇帝造园的匠心。乾隆先后师从福敏、朱轼、蔡世远等多位理学名师学习汉儒。雍正也常常向他传授儒、释、道三教教义，指示禅宗的妙谛，并为之取名"长春居士"。乾隆在《雍和宫碑文》中也赞颂了皇考的佛道造诣：

"……我皇考向究宗乘，涅盘三昧，成无上正等正觉，施洽万有，泽流尘劫，帝释能仁，现真实相，群生托命，于是焉在……"

儒、释、道的统一使得乾隆处理宗教和政治的关系得心应手，而且在园林意境创作中得到了拓展运用。这在清漪园的建筑中得到了充分的体现。

清漪园大报恩延寿寺和延寿塔(未成而毁后建阁)营建的契机之一就是为母祝寿，这与儒家倡导的"百善孝为先"是一致

● 清漪园大报恩延寿寺遗址(1875)

一 盛世辉煌清漪园

的。而耶律楚材祠的保留和修葺则表达了乾隆皇帝的"希贤"之情，是儒家尊贤仰圣思想的体现。另外，为丰富园林景观及其文化内涵，乾隆在园内广置庙宇，佛教、道教建筑同处一园之中，体现了儒、释、道在乾隆身上的和谐统一。

"山水之乐，不能忘于怀"的情怀让乾隆一生6次巡游江南，5次西巡五台山，3次东巡泰山，或安抚汉臣，或泰山封禅，或奉母礼佛，但都掩饰不了他对自然风光的热爱。他一路游山玩水，游览名胜古迹，并命随行画师携图以归，为其回京后的园林创作积累素材。

乾隆十二年（1747），香山静宜园扩建工程结束，乾隆在《静宜园记》中写道："山水之乐，不能忘于怀。"这是其对自己钟情于造园活动的形象描述。

2. 清漪园兴建的契机

(1) 整治北京城水利系统

自明末至乾隆初年，由于战争和经济等问题，西湖年久失修，河湖泥沙淤积，水面上涨，时而泛滥，对周边的农田及其东侧的畅春园造成了威胁；康熙时期曾为保护畅春园免受水患而在西湖东侧修大堤，因位于畅春园之西而称"西堤"。西湖自然风光依旧，可环湖十寺的人文景观早已破败不堪。

随着康雍两朝和乾隆初年对西郊园林的开发，园林用水量与日俱增。当时园林供水的来源有两个：其一，流量较小的万泉庄水系；其二，玉泉山汇经西湖之水（主要来源）。后者位于沟通大运河与京城之间的通惠河的上游，同时也是大内宫廷用水的主要来源。园林用水量增加，上游水源被截留，导致宫廷供水不济，漕运也受到影响。为解决此问题，乾隆帝于乾隆十四年（1749）冬天，开始整治北京西郊一带水系。

（2）为母祝寿造寺建塔

深受儒家"百善孝为先"思想的影响，乾隆皇帝一向标榜"以孝治天下"，并多次陪母亲巡视江南，西上五台山礼佛，北至承德避暑山庄避暑。当时皇太后住畅春园，乾隆皇帝为方便向母后请安，特扩建畅春园以西的西花园为临时听政之所。可以看出，乾隆与母亲关系融洽，感情深厚。这从《御制万寿山大报恩延寿寺碑记》中可以看出。

● 孝圣宪皇太后朝服像

乾隆十六年（1751）皇太后钮钴禄氏六十整寿，乾隆皇帝为庆祝母后寿辰，取报恩之意，于乾隆十五年（1750）在瓮山圆静寺旧址兴建大报恩延寿寺和延寿塔。在建寺的同时万寿山南麓一带的厅、堂、亭、榭等园林建筑也做出了设计并陆续破土动工，清漪园工程在这一背景下拉开了帷幕。

3. 乾隆"食言"，修建清漪园

清军入关后，从顺治至乾隆初年，经过百余年的苦心经营，在北京城西北郊先后修建了四座大型皇家园林：畅春园、香山静宜园、玉泉山静明园以及圆明园。圆明园建成后，乾隆曾经说："实天宝地灵之区，帝王豫游之地，无以逾此。"暗示自己不再建园，并且明白昭告"后世子孙必不舍此而重费民力以创设苑囿，斯则深契朕法皇考勤俭之心以为心矣"。然而，不等子孙违约，乾隆自己很快就食言了。时隔不久，清漪园就在疏浚西湖之后开工了。为满足自己的造园兴趣以及对园林艺术的审美追求，同时解决宫廷、农业用水问题，振兴漕运，乾隆十四年（1749）冬的农闲时节，乾隆调集上万民工对京西的西湖水系进行了为期两个月的大规模整治，拓湖、浚流、蓄水、设闸，使西湖面积增加了三倍，深度增加了两倍，不仅保证了周边园林和农田灌溉用水的需要，也成为北京城区的用水源头。整治后的西湖成为北京历史上第一座具有人工水库功能的湖泊。

修建园林的意图已经贯彻在水系整治过程之中。拓湖的土方按照造园规划被放置在瓮山一带，将瓮山堆成高约六十米、东西长约一千米、山势均衡的山峦；拓展后的西湖东岸也从原瓮山中部直至东麓，弥补了湖山不对称的缺憾。经过人工改造后的西湖形成了更加理想的山屏湖北、湖横山阳、真山大水、山水相依的造园条件。乾隆十五年（1750），乾隆以庆祝母亲孝圣

● 清漪园万寿山远观

宪皇太后六十大寿的名义，在瓮山圆静寺废址修建大型佛寺——大报恩延寿寺，改瓮山为万寿山，为母亲祝寿祈福；同时改西湖名为昆明湖。第二年，乾隆将这座以水景取胜的园林命名为"清漪园"。

4. 清漪园的建筑特点

清漪园的建筑物按其功能可以分为以下几类：宫殿、寺庙、庭院建筑群、园中园、单体点景建筑、长廊、戏楼、城关、农舍、街肆、亭桥等。

以游赏为主要功能的建筑占着极大的比重，而宫殿、住所和生活辅助建筑较少。这是因为乾隆当年游园必"过辰而往，

逮午而返，未尝度宵"。"游赏"是清漪园的主要功能，因而居住的功能就萎缩了。

另一方面，北京西北郊一带几百年来都是佛寺聚集地，大大小小的寺庙不计其数，寺庙园林便在此基础上发展壮大。同时，乾隆皇帝的母亲钮祜禄氏笃信佛教，清漪园是皇太后拈香礼佛的地方，所以寺庙建筑众多，因此，清漪园同样具有寺庙园林的功能和风格，以大报恩延寿寺和须弥灵境构成的主体建筑以及分布在全园各处供有佛像的建筑群为清漪园蒙上了一层充满宗教气息的神秘面纱。即使是一些非寺庙性质的建筑物也供有佛像，如乐寿堂、乐安和等以部分房间供奉佛像，花承阁、凤凰墩等以一幢殿堂供奉佛像，而文昌阁和宿云檐则兼具城关

● 清漪园花承阁琉璃塔（1860）

● 清猗园文昌阁(1860)

和祠庙的双重性质。据此，可以想见当年园内弥漫着的极浓郁的宗教气息。

而局部设园墙、半开放式的园林设计，又打破了这种神秘的氛围，使园林与园外自然风光融为一体，分不清哪里是园林，哪里是野外，正照应了乾隆皇帝一贯追求自然神韵、"虽由人作，宛自天开"的审美情趣。

清漪园景观布局的原则是人工美必须与自然美相互协调。经人工改造后的自然环境，使园林景观凝练生动，富有诗情画意。前山前湖景区，占地255公顷，为全园面积的88%，是一个以广阔湖面水景为主、山景为辅的大景区。万寿山前山中央的佛香阁建筑群气势磅礴，充满浓郁的宗教色彩，是园中最大的一组核心建筑群。其两侧遵循格局对称的原则各有布置，丰

一

盛世辉煌清漪园

富了万寿山的建筑布局，加深了山体和建筑的空间层次。

借景是北京西北郊园林的一个重要造园思想，在这些园林区域中，清漪园与玉泉山、京西稻田互为因借。万寿山昆明湖独有的山水风韵凭借其宏伟的建筑形态自然地外延到周围更深远、更广阔的视觉空间里。无论是圆明园、畅春园，还是西面的玉泉山静明园，以及更远处的香山静宜园，以制高点佛香阁为代表的建筑群都能"借入"到各自的园林造景之中。此天地造化的神来之笔，将京郊"三山五园"打造成空前绝后的园林胜境。

清漪园的建造还充分考虑植物配置的因素。建园时，在万寿山上广植松柏，彻底改变了原瓮山"童童如赤坟"的面貌。西湖向来以荷花垂柳之盛著称，乾隆建园时又在沿湖堤岸大量增植柳树，形成"松犹苍翠柳垂珠，散漫迷离幻有无"的景色。

● 清漪园万寿山上的松柏(1875～1877)

西堤上除柳树外更以桃树和桑树间植，红翠相宜，美不胜收，故乾隆有诗句咏之为"千重云树绿才吐，一带霞桃红欲燃""长堤几曲绿波涵，堤上柔桑好养蚕"。

5、帝后在清漪园的活动

乾隆、嘉庆、道光、咸丰时期的清漪园，主要是作为皇帝政事之余散志澄怀、游览风光的别苑存在，园林中的主要活动是礼佛上香和祭祀龙神。皇帝们也在清漪园内举行过一些政治、军事活动。如乾隆曾在勤政殿接见并宴请过蒙古族厄鲁特部来使，在昆明湖中举行过水操演练；嘉庆曾在玉澜堂、谐趣园中接见大臣，处理政务；咸丰曾在园中接见过少数民族土司等。

根据清宫《起居注》的记录，自清乾隆十五年（1750）至嘉庆三年（1798）的49年中，乾隆帝"临幸万寿山"80次；自嘉庆八年（1803）至二十五年（1820）的18年中，嘉庆帝到过清漪园184次（最多时一年中来园17次）；自道光三年（1823）至二十一年（1841）的18年中，道光帝来园71次。此后，由于鸦片战争，道光帝不再来园。自咸丰二年（1852）至十年（1860）英法联军火烧清漪园以前的9年中，咸丰帝临幸过清漪园29次。此时期，帝后在园中的活动主要是拜佛烧香、游览风景及祭祀、祈雨。

（1）游园赋诗

乾隆皇帝非常偏爱清漪园，但却很少在清漪园中理政，更多的是将其作为"散志澄怀"之所。透过御制诗，可见一斑。乾隆每到一处登临巡幸、观风赏景，都要纪游吟咏，因此其御制诗有较高的历史价值，正如乾隆自己所说："不能不涉笔成章，以昭纪实。"清漪园从肇建到毁灭，仅百余年，乾隆、嘉庆、道光、咸丰四位皇帝都曾到此游历，共留下了1 630首

● 乾隆御制诗石刻

咏颂万寿山清漪园风景的御制诗，这其中有 1 523 首出自乾隆
皇帝一人之手。除极个别外，乾隆御制诗几乎对清漪园一百多
处景物处处咏有诗句，而且对同一景物不同季节的不同景观也
有不同的诗句，都命人将诗文镌刻在清漪园的山石、碑碣之上，

以传后世。乾隆皇帝御制诗文虽不以艺术上的高超成就为后人所注目，却以强烈的与时代政治密切联系的特点和纪要写实的风格而在文化历史上留下了厚重的一笔。四位皇帝的诗作，对于我们研究清漪园以及清代皇帝，具有不可替代的作用。

（2）读书品茗

乾隆一生喜欢读书，曾亲自将当时的藏书之处命名为宜芸馆。《乾隆皇帝咏万寿山风景诗》中收录的有关宜芸馆的御制诗就有 10 首之多。

乾隆皇帝认为，宜芸馆是一个"背山复面水，净明尘不受""回廊护幽馆""窗明几净展芸编"的适宜藏书、读书的好地方。在他眼里，虽然"内府富图书，芸编随处有"，但是，这里才是他情有独钟的书堂，因此，他在咏宜芸馆的诗中篇篇不离"芸香"，句句不忘"芸编"。不难看出，乾隆皇帝喜欢"入室芸香馥馥披，闻中真与缥缃宜"的味道，珍惜他与宜芸馆只是"偷闲偶一至，坐只片刻间"的"缘分"。虽"每来惟暂坐"，"坐而静与稽"，然也获有"资益良复厚"的深造。更为自己只能"偶来来便去"而遗憾，深感"惭此宜芸处"。

位于万寿山后山的澹宁堂，也是乾隆皇帝的一处书房。乾隆 12 岁跟随祖父康熙在畅春园居住时，康熙皇帝赐给他一处书屋，名为"澹宁居"，澹宁堂即是仿照澹宁居修建的一处书斋。乾隆皇帝认为此处具有诸葛亮笔下"澹泊宁静"之意境，非常适合建书屋，于是下令在此处修建了这组院落，并确定了以怀旧为主题的景观建筑"澹宁堂""云绘轩"和"随安室"等，随安室是乾隆皇帝做皇子时期的书房名称，"云绘轩"以藏书为主。书斋东邻谐趣园，南倚后御路，西邻花承阁，北临后溪河，有水路西接苏州街，依山傍水，宁静清幽。乾隆十九年（1754）在其诗《澹宁堂》中写道："澹泊水之德，宁静山之体。山重水复处，书堂适构此。喻义因名堂，嘉言征蜀史。大用不

● 澹宁堂今貌

穷人，由表知其里。"

　　清漪园中，还有几处乾隆皇帝的茶室。如位于昆明湖西南藻鉴堂的春风啜茗台，景观幽美，视野辽阔，乾隆称它"湖中之山上有台，维舟履步登崔嵬。水风既凉台既敞，延爽望远胸襟开。竹炉妥帖宜烹茗，收来荷露清而冷"。咏颂春风啜茗台的诗句，大多与品茗有关，"春今岁今朝始偶来，茶炉缀景设山台。春风过久秋风至，究亦何曾试茗回"，可见乾隆皇帝对清漪园烹茶的钟爱。

　　清可轩也是一处上座率极高的皇家茶室，位于万寿山后山中段赅春园内，依山而建，是一处"山包屋，屋包山"的独特建筑。乾隆皇帝于室内陈设青铜鼎彝，并仿陶潜、陆羽在壁上挂琴，轩中则安置茶铫、竹茶炉。清可轩是清漪园内最受乾隆喜爱的文轩茶寮之一，乾隆称其"山荫最佳处，每到必小憩"。《清漪园陈设档》中对于春风啜茗台及清可轩陈设的记载，也充分反映出这两处地方作为乾隆皇帝读书、品茗之所的休憩功用。

● 清可轩遗址

(3) 祀神礼佛

中国作为农耕文明发展较早的国家，风调雨顺对国家、社会、人民生活都至关重要，所以中国历代重视抗旱求雨，形成了较为繁复的祈雨祭仪。每年乾隆皇帝都来清漪园龙王庙拈香祈雨，且时常应验，这给后世皇帝祈雨以信心，据记载，自同治元年到重修颐和园，对龙王的春秋二祭被列为皇帝必务，有时一年祈雨达九次之多。皇帝除常亲自拈香祈雨外，春秋两季还会遣官来祭龙神，有时亦派皇子亲王代祭，如嘉庆曾命皇四子瑞亲王绵忻来祭，道光曾命惇亲王绵恺来祭。

礼佛也是清代帝后的常务。清漪园以大报恩延寿寺为主要建筑，自乾隆二十二年（1757）起，大报恩延寿寺每月初一、十五日嗔经。每年四月初八佛诞日（浴佛节）及其他与佛教有关的节日，或皇帝奉太后来，或太后独来，或皇帝独来，到大报恩延寿寺各殿及园内其他供有佛像的殿宇拈香。乾隆四十五年（1780）后藏班禅额尔德尼来京，九月初三日乾隆帝谕旨，令在昆明湖新造大船供其乘坐。九月十六日，班禅额尔德尼在昆明湖乘坐插有绣龙旗的"喜龙"御舟，登岸到大报恩延寿寺礼佛。

一

盛世辉煌清漪园

二

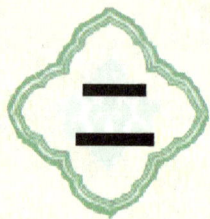

饱经沧桑颐和园

1、慈禧太后时期的颐和园

　　咸丰十年（1860）十月，英法联军入侵北京，包括清漪园、圆明园在内的京西"三山五园"皆遭焚掠，建筑物大部分被烧毁。畅春园、圆明园等皆成陈迹，由于历史的机缘巧合，二十年后清漪园在慈禧太后的手中重现灵光。光绪十二年（1886），慈禧太后挪用海军经费和其他款项，重修清漪园，并于光绪十四年（1888）改园名为颐和园，成为其晚年的颐养之地。

● 慈禧太后仁寿殿前乘舆照

　　颐和园基本恢复了清漪园的旧观，仅有少量的改动以及部分因财力不济未能恢复的区域，总占地 301.42 公顷。园中点景建筑物百余座、大小院落 20 余处，古建筑 3 000 余间，面积近

● 十七孔桥旧照(1880～1890)

7万平方米，古树名木1 600余株。其中佛香阁、长廊、石舫、苏州街、十七孔桥、谐趣园、大戏台等都已成为著名的代表性建筑。

关于颐和园修建时挪用的海军军费，曾经有过八千万两的说法；1971年7月出版的《故宫简介》引用《康有为年谱》的记载，改为三千万两。之后由颐和园管理处查阅大量历史档案，对修建颐和园挪用海军经费的情况进行了深入的研究，将最终的修缮金额确定为如下几项：

①自颐和园开工，每年由海军衙门挪拨三十万两。颐和园正式开工为光绪十四年，基本完工为光绪二十年(1894)，共七年，此项拨款应为二百一十万两。

②光绪十七年(1891)四月由出使经费项下借拨一百万两，并资准海军衙门，由存在天津的二百六十万两银子的利息项下，按年尽数归还。这二百六十万两银子是各省督抚认筹的海军经

妙觉寺　北宫门　船坞　　平台亭
西宫门　德兴殿　　苏州街　　长桥　　　　　　　眺远斋
　　　　　　　　　　　　　　松堂　　多宝塔　　　长生院　　霁清轩
半壁桥　八石桥　会芳堂址　须弥灵境址　　　　　　　　涵远堂　知春堂
　　　　　　　　　香岩宗印之阁　　　　　　　　瞳新楼　谐趣园
界湖桥　船坞　清可轩址　　万　　寿　　山　益寿堂
　　　宿云檐　丁香院　　　善现寺　千峰彩翠　景福阁　知春亭
澄怀阁　贝阙　　云会寺　　智慧海　重翠亭　　　紫气东来
临河殿　延清赏楼　湖山真意　　写秋轩　福荫轩
　　　画中游　宝云阁　　　　养云轩　云和庆韵　庆善堂
迎旭楼　听鹂馆餐厅　　（铜亭）佛香阁　国花台　无尽　　　　颐乐殿
五圣祠　　　　　　　排云殿　意轩　乐寿堂　德和园
清晏舫　渡船口　清华轩　介寿堂　对鸥坊　水木自亲
（石舫）　长廊　鱼藻轩　廊　　长廊　玉澜堂　东宫门
　　　　清遥亭　秋水亭　　　　渡船口　仁寿殿
　　　　　　　　　　　　　　　耶律楚才祠　东旁门
　　　　　　　　　　　　　　知春亭　餐厅
　　　　　　　　　　　　　　　文昌阁

昆　明　湖

027

北宫门
西宫门
万　寿　山
佛香阁
长　廊　东宫门
昆
明
湖
玉镜阁址　玉带桥
　　镜桥　南湖岛　新宫门
金镜阁址　西
十七孔桥
练桥　南
畅观堂　堤　湖
藻鉴堂
柳桥

南湖岛
渡船口
涵虚堂
龙王庙
鉴远堂
十七孔桥　　铜牛
　　　　　新宫门
绣漪桥　　　廊如亭
（锣锅桥）　游船码头

和园全图　　南　湖

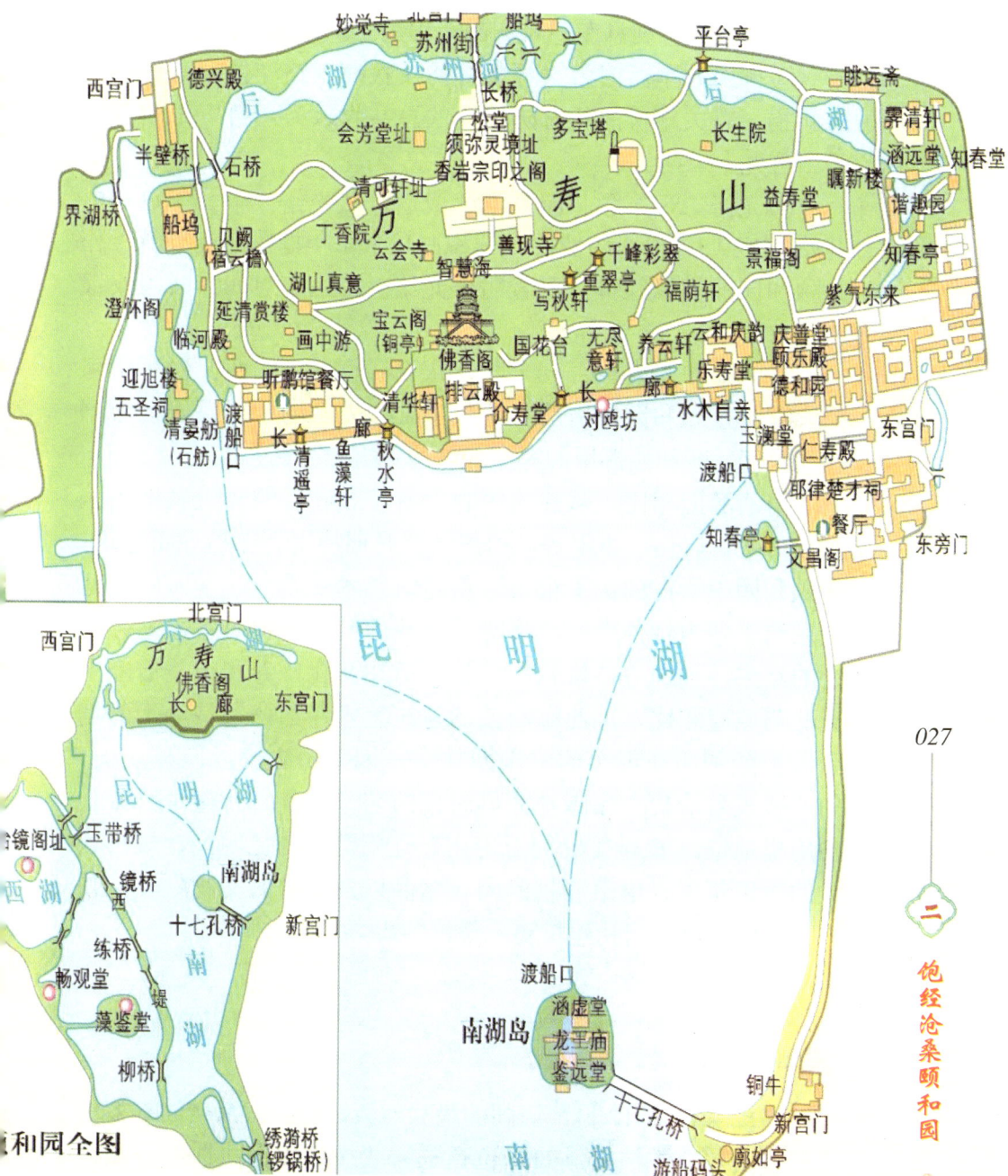

● 颐和园平面图

二
饱经沧桑颐和园

费，存在天津，利息专归颐和园工程用。

③挪用海军衙门为"筹备海防及拨还铁路洋债要需"的海防新捐。有关年份的新海防捐输的总共收入为一百一十四万八千二百九十二两。

④光绪二十年颐和园基本建成后，从光绪二十一年（1895）开始，由应归为海军经费的土药税厘项下每年挪拨十五万两，作为颐和园的岁修经费，已查明至光绪二十六年（1900）共领取银九十万两。

以上几项共为五百一十四万八千二百九十二两。但海防新捐一项不是颐和园挪用的实销数字。如无新的材料发现，根据这些数字，颐和园挪用的海军经费应在五百万两左右。

与清漪园相比，从建筑内容上看，颐和园的建筑风格更偏重于宫殿、居住、休闲等，而清漪园时期特别突出的寺庙建筑，在颐和园中所占的比重很小。从建筑艺术上看，颐和园的重建是在清王朝内忧外患、经济匮乏、政治动荡的背景下，勉强为之的结果，加之主持修建的慈禧太后在文化修养和审美情趣上无法与乾隆相比，因此颐和园的建筑艺术在部分领域逊于清漪园。但颐和园在现存的中国园林中，因湖山之胜、园林之美，仍然代表着清代皇家园林鼎盛时期的艺术成就，有着不可替代的历史地位。巍峨雄壮的万寿山、辽阔浩渺的昆明湖、规模宏大的古建筑群、琳琅满目的园林精品以及丰富的文物收藏，使得颐和园在世界园林建筑史上卓然独步。

2、颐和园的重生

1912年2月12日，清朝的最后一天，隆裕太后偕同6岁的宣统帝溥仪在乾清宫颁布退位诏书。"……袁世凯前经资政院选举为总理大臣，当兹新旧代谢之际，宣布南北统一之方……

●《清帝退位诏书》

仍合汉满蒙回藏五族完全领土为一大中华民国，予与皇帝得以退处宽闲，优游岁月，长受国民之优礼，亲见郅治之告成，岂不懿欤！”从此，清朝走下历史舞台。溥仪“辞位之后，暂居宫禁，日后移居颐和园”，颐和园成为清逊皇室的私产，仍由清室内务府管理。

在此期间，许多中外人士、各界名流纷纷要求参观颐和园。虽贵为皇家私产，但毕竟大势所趋，于是由步军统领衙门在1913年4月24日制定了《瞻仰颐和园简章》，实施“凭照参观”的制度，严格限制参观的人员和方式。参观颐和园成为少数达官贵人的特权，远不是真正意义上的开放。

“凭照参观”的制度不久便在一片骂声中夭折了。时逢北洋政府财政困难，每年400万元皇室经费，逐年拖欠。为增加收入，1914年5月，步军统领衙门与清室内务府商定重启之事，“于开放游览之中，寓存筹款之意”。依据《颐和园等处售券

029

二 饱经沧桑颐和园

试办章程》(以下简称《章程》),从 1914 年 5 月 6 日颐和园开始
正式对社会售票。《章程》计三十二条,详细地规定了售票时
间、售票部门、验票办法、票价收入的分配、园内设施的管理
以及工作职责等内容。每张门票售大洋 1 元 2 角,参观排云
殿、南湖、谐趣园、玉泉山等处需另外购票,昂贵门票将大多
数平民拒之门外,但毕竟剔除了众多的清规戒律和身份标识,
对社会和民众来说,不能不说是一个进步。开放以后,每月平
均卖票收入约 2 000 元左右,并逐年增多。其中三分之二归清
室内务府,三分之一由步军统领衙门掌握。

　　1924 年 5 月 23 日,英国人庄士敦奉溥仪谕旨管理颐和园。
同年 11 月,冯玉祥发动"北京政变",政局发生重大变化,末
代皇帝溥仪被冯玉祥驱逐出紫禁城。冯玉祥还修改优待条件,
删除了清帝移居颐和园的内容,溥仪终究没有再住进过颐和
园。国民军 11 师接管了西郊一带的古迹名胜,园内园役如旧,

● 清漪园宝云阁旧影(1869～1870)

惟各殿加封，禁止开启。1926 年，京畿卫成司令王怀庆将颐和园交还清室，清室办理处派贝勒润祺（溥仪之内兄）接收，成立"清室办事处经理颐和园事务所"。直到 1928 年 6 月，皆属末代皇帝溥仪的私产，由清室进行管理。

1928 年，北伐战争胜利，南京国民政府进驻北京，7 月 1 日，颐和园被南京国民政府内政部接收，8 月 15 日，交北平特别市政府进行管理，成立了"内政部颐和园管理事务所"，接管"清室办事处经理颐和园事务所"。经国民政府内务部总长朱启钤的促成，将颐和园、北海、景山、玉泉山等处古迹辟为公园，颐和园自此成为国家公园，完全脱离了皇家管理。门票价格延续旧制仍然是 1 元 2 角，在北京所有公园中高居首位，比北海、中山等公园门票贵数十倍。

在此后的 20 年里，尽管时局动荡，但国民政府对颐和园的管理十分重视，历任所长陈铭阁、许星园、邹致钧等都曾在市府担任行政要职，1931 年事务所的机构是由文牍主任、总务股、稽核股、保管股、颐和园民众学校等组成，后又增加了园艺主任，机构的设置几乎考虑到了方方面面。但军阀混战的局面也使颐和园的一些院落成了军阀、官僚、政客们的私宅，文物散失，建筑损毁严重。到日本侵华时期，颐和园再受摧残，阁圮廊倾，湖淤水浅，花木凋零。1949 年新中国成立前，园内已是一片荒凉景象。

1948 年解放战争时期，平津战役中国民党守军在万寿山后山和北宫门山头上修建多处碉堡，想借古迹顽抗。12 月 11 日，我东北野战军第五纵队从冀东三河县（今河北省三河市）出发，向北平地区挺进，12 日中午，第五纵队先头部队第 113 师的三个团，已挺进到海淀安河桥，距颐和园北宫门仅数百米，当时园内有傅作义的"华北总部"驻军，两军形成对峙。这时，师指挥所接到东北野战军司令部一份加急电报，命令："避开名胜

031

二

饱经沧桑颐和园

古迹，从万寿山以西打开通路，抢占丰台。"当时的局面是敌众我寡，而且时间紧迫，于是我军第 113 师指挥所加紧研究进军路线。万寿山以西，从北宫门逶迤向北，是一线岗峦起伏的高地，高地上有敌人凭险据守，113 师第 37 团、39 团采用从北面绕过敌人的一线设防阵地，从西山脚下迂回前进的战术，绕道石景山，迫使颐和园守敌不战自退，颐和园才免于战火。12 月 13 日解放军 41 军和 48 军到达颐和园，部队在园门及周围设警戒，颐和园得到解放，揭开了新的历史篇章。

　　1949 年 1 月 20 日北平军事管制委员会决定接收颐和园，1月 21 日北京市军管会派良乡工作小组柳林溪、姜金庸、薛宝珠三人接管颐和园、玉泉山。原颐和园事务所所长许星园任代理所长，归北平市公用局管辖；到了 4 月，颐和园奉令开放，并另行组织成立了颐和园管理处，由北平市人民政府建设局领导，王范、柳林溪分别为正、副主任。10 月 14 日，北京市人民政府颁发颐和园"北京市人民政府颐和园管理处钤记"印章一枚，完成了机构建设。同时清理了一些特殊的住户，如袁世凯之子袁克定、不出房租的前清宗室成员溥心畲等。

　　颐和园作为皇家园林，虽历经战乱的破坏，但仍然保留着一些较完整的殿堂、遍山的林木以及广泛分布的古建筑，只是大部分已支离破碎、满目疮痍，园内各处重则残垣断壁、房基柱石坍塌，轻则梁柱倾斜、渗漏残破。中心建筑佛香阁渗漏严重，转轮藏、画中游存在倒塌危险。树木虫患严重，国花台上的牡丹早已枯死，后山、西堤等处时有狐狸出没，藻鉴堂甚至有丈余大蛇。当时全园仅有牡丹 7 株，大型平板船 3 只，中型画舫 6 只，小划船 10 只。园内卫生条件极差，仅有厕所 7 处。四千多件硬木家具中完整无缺的仅占五分之一，铺垫毡帘更是残破不堪……

　　颐和园被接管以后，管理处制定了新的制度和管理模式，生产、保护齐头并进，逐渐开展了古建修缮、病虫治理、苗圃培植、古物清理等项工作。"生产"和"管理"两条腿走路符合建国初期发展生产的形势，也为过渡时期的颐和园争得了资金支持。

颐和园管理的一项重要工作就是古物整理。颐和园管理处专门成立了委员会，清理文物账册，对现有古物进行鉴定，对账册中名称存疑的重新定名，残破或丢失的从账册中注销。由于长期没有文物库房，园内大量古物尤其是硬木家具，散落在各院房檐下或院子里，风吹日晒，残破不堪，管理处设立文物库房，逐步收回散落在各处的家具，并整修残件，存入库房，安置和抢救了大批文物。由于常年没有对外开放，仁寿殿、排云殿、乐寿堂、玉澜堂等殿堂已非原样，陈列品杂乱。为满足参观的需要，管理处根据历史档案，逐步恢复了殿堂的原状，开辟了分类专项陈列。经过一两年的家底盘查、文物整修等工作，颐和园的文物得到了及时的抢救和保护。

1957 年 10 月 28 日，颐和园被北京市政府列为第一批北京市重点文物保护单位。1961 年 3 月 4 日，颐和园被国务院列为第一批全国重点文物保护单位。颐和园的文物保护事业得到国家、北京市两级的高度重视。此时很多外国元首与官员及友好人士到颐和园参观游览，颐和园在对外交往中发挥着重要作用。

改革开放之后，颐和园翻开了崭新的篇章，各项事业得到长足发展，迎来了历史上的最佳时期。这一时期国家对文物保护的力度逐年加大，对园林绿化等公共服务事业也投入巨资。1991 年，北京市政府组织了颐和园建园二百多年以来昆明湖的首次大规模清淤工程，改善了昆明湖涵养水源的能力。1998 年 12 月 2 日，经过数年精心的申报准备，颐和园被世界遗产委员会批准列入世界文化遗产名录，正式成为世界文化遗产。世界遗产委员会对颐和园给予高度评价，认为：北京的颐和园是对

033

二

饱经沧桑颐和园

中国风景园林艺术的一种杰出的展现，将人造景观与大自然和谐地融为一体。颐和园是中国的造园思想和实践的集中体现，而这种思想和实践对整个东方园林艺术文化形式的发展起了关键的作用。以颐和园为代表的中国皇家园林，是世界几大文明之一的有力象征。

● 颐和园内的世界遗产标志碑

三

颐和园建筑撷英

1. 东宫门

东宫门建筑群是颐和园宫廷区"外朝"建筑的前半部分，由宫门、朝房、影壁、牌楼及石桥和广场构成。沿东西方向依次排列，形成格局严谨、布列有序的一组中轴线。主体建筑东宫门是颐和园的正门，始建于乾隆十五年（1750），光绪十二年（1886）重建，保持了乾隆时期的形制。坐西朝东，歇山式屋顶，灰色筒瓦，有吻兽。井字团龙天花，绘金龙和玺彩画。明间面东悬挂光绪皇帝御书的"颐和园"金字大匾，匾上镌刻五方印章，分别为"光绪御笔之宝""慈禧皇太后御览之宝""数点梅花天地心""和平仁厚与天地同意"和"丽日春长"。正中门座面阔5间，三明两暗。每扇门上横竖各排列9颗镀金圆钉，有4个门簪。宫门中间的3个门洞前原为斜坡式台阶，现在台阶的中央安置着一块雕龙云路石，两边斜坡改为石阶。按照中

● 东宫门

国古代的传统建筑模式，东宫门前两侧，设置一对蹲踞在汉白玉石须弥座上的铜质猛狮，南雄北雌。东宫门南北两侧各有一座罩门，坐西朝东，悬山式屋顶，绘苏式彩画。清朝帝后入园走中间的大门，其余人员分别由两边的侧门进入。

东宫门前南北各有两间外朝房，为群臣候朝的地方，现南为售品部，北为颐和园售票处、接待室。东宫门前的广场较为严谨、封闭。广场东面有一座红色影壁，顶部歇山式，无吻兽，灰色筒瓦，下部为青石雕制的六层须弥座。影壁南北两侧为月牙河，上各架一孔白石平桥，东西向坐落。从南北两侧的白石小桥穿过月牙河可到达东宫门建筑群的外广场，空间较为开阔。广场的前方，耸立着一座三门、四柱、七楼，描金绘彩、雕龙画凤的木构大牌楼。牌楼东西向坐落，庑殿式屋顶，上有 6 只吻兽，灰色筒瓦，绘金龙和玺彩画。牌楼东面额上题"涵虚"，暗喻湖波浩荡；西面额上题"罨秀"，概指山色葱茏，巧妙地点

● 东宫门牌楼(涵虚)

三 颐和园建筑撷英

● 东宫门牌楼（罨秀）

出了颐和园皇家园林的基本特色。牌楼是从东面进入颐和园的第一座建筑。不仅是东宫门建筑群的起点，又起到引景的作用。建筑的空间构图可使万寿山佛香阁在牌楼柱枋间形成一幅天然画框，结合牌楼匾额的文学意境，激发人们对颐和园湖山秀色的联想。

2. 仁寿殿

　　仁寿殿建筑群位于东宫门内，是朝政区的中心。主体建筑仁寿殿修建成金銮殿的形式，与南北配殿、南北九卿房和仁寿门构成晚清王朝在颐和园内的政治活动区，建筑为一组宏大的宫殿群。帝后驻园时在仁寿殿临朝听政，处理国务，象征着绝对的权威，是皇权的物化。其处于皇家园囿之中，由于其功能的特殊性，成为对紫禁城外朝空间的有效补充。清晚期，仁寿

● 仁寿殿

殿用于万寿朝贺、接见外使和赐宴活动，成为一朝的政治枢纽，见证了中国近代史的进程。进入东宫门内，是一处进深不大的庭院，院内浓荫匝地、古柏森然。南北两侧各有9间房屋，因在清代是六部九卿值班的地方，故称为南北九卿房。金碧辉煌的仁寿门是仁寿殿建筑群的宫门，也是颐和园从东宫门入园的第二道宫门。乾隆始建清漪园时称二宫门，光绪十二年（1886）重建时改为今名。建筑为牌楼门、衙署仪门与寺庙棂星门相结合的形式，二柱一楼，庑殿式屋顶，上有吻兽，绘金龙和玺彩画。门簪往上悬挂满、汉文"仁寿门"额。牌楼的左右各有一个青砖影壁，长7.2米。上砖雕浮龙，四角各有一雕龙。

进入仁寿门即到达仁寿殿前的庭院，迎门立有一块挺拔的巨大湖石作为屏障，此石因形似拱手躬身的老人，故又名"寿

三 颐和园建筑撷英

● 仁寿殿院内的寿星石

星石"。绕过太湖石，正中是主体建筑仁寿殿，两侧为南北配殿。仁寿殿前的露台上，左右两边分别摆放着一只铜炉，均为乾隆年间铸造，另有成对的铜龙、铜凤、铜缸，上有"天地一家春"的款识，殿前、院子正中还有一只铜麒麟，造型怪异。庭院各处散置着盘曲的苍松及独特的湖石。仁寿殿，清漪园时名勤政殿，始建于乾隆十五年（1750），乾隆及道光年间进行过维修,咸丰十年(1860)被毁后于光绪十二年(1886)按原样补建,并改殿名为仁寿殿,引孔子《论语》中"仁者寿"的寓意,意指施仁政者可以长寿。建筑为宫殿式,面阔 7 间,进深 5 间,周围有廊,面积 776 平方米,高 5.53 米。歇山式屋顶,有吻兽。团龙天花,绘金龙和玺彩画,金砖地面。明间外檐柱间悬挂用满、汉两种文字书写的匾额"仁寿殿",内檐匾额书"大圆宝镜"。殿内明间正中有地平床,设象征封建皇权的九龙宝座,上方悬挂匾额"寿协仁符",楹联"星朗紫宸明辉腾北斗,日临黄道暖景测南荣"。仁寿殿南北配殿均面阔 5 间带后罩房。

　　仁寿殿以西、玉澜堂以东的地段在清漪园时期是宫廷区与苑林区的交接处,按皇家规制必须加以屏障以严内外之别,故用假山、叠石、花木来代替墙垣和围廊,使得空间既隔又透,不失园林的气氛。从仁寿殿南侧穿过一带土岗曲径进至玉澜堂前,景色豁然开朗,一派湖光山色于不经意间呈现眼前,此为中国古代建筑"欲放先收""欲扬先抑"造景手法的典型运用。

3. 玉澜堂

　　玉澜堂建筑群始建于乾隆十六年(1751),包括玉澜门、藕香榭、霞芬室、玉澜堂、夕佳楼等建筑,在清漪园时期,这里是一处书斋,亦是帝后游园时的休息之所。乾隆皇帝曾召集词臣在堂内宴饮赋诗;嘉庆皇帝曾在堂内办公、用膳、召见大臣;道光皇帝曾在堂内赐宴有功的大臣。咸丰十年(1860),玉澜堂被英法联军烧毁,慈禧重修颐和园后将玉澜堂作为光绪皇帝的寝宫。光绪皇帝曾在堂内召见过"戊戌变法"的著名人物。"戊戌变法"失败后,光绪皇帝被囚禁于院内,东西配殿内因而筑起砖墙,隔断了出入。玉澜堂后相接的院落是游赏性的庭院,院中以假山作为主景,东面用北太湖石堆叠成假山,西面两层

的楼房夕佳楼与昆明湖相邻。整组建筑沿用了清漪园时的名称，布局和形制保持了乾隆时期的风貌。

玉澜堂的宫门坐北朝南，面阔 3 间，采用了中国传统四合院住宅建筑中王府大门的形式，也称殿式门。宫门上绘传统的苏式彩画。门簪上方悬挂满、汉文"玉澜门"木匾额。进入玉

"玉澜门"匾额

澜门，正殿为玉澜堂，东配殿名霞芬室，西配殿名藕香榭。各座建筑之间用彩绘游廊相通连。乾隆时期，皇帝游园时曾在这里临时办理过公务，因此玉澜堂又有办事殿之称。正殿建筑面阔 3 间，明间外檐悬挂"玉澜堂"匾额，玉澜堂正中是地平床，上面陈设的宝座、御案、围屏、掌扇，都是乾隆时期的物品。其中用紫檀和沉香木镶雕的宝座、御案、香几，造型挺秀，花纹细腻，堪称经典，最为珍贵。宝座的上方悬挂着"复殿留景"匾额，两边还有对联"曙光渐分双阙下，漏声遥在百花中"。这里的楹联虽没有仁寿殿中楹联表现帝王心怀天下，建立

丰功伟业的磅礴气势，但是细腻的写景抒情，展现出一幅雾霭弥漫、花香浮动的绝美佳景，给人们创造了一个舒缓心性的情境，这也应和了玉澜堂的称谓。堂内西间是光绪皇帝的卧室，

● 玉澜堂

寝床上挂着黄色的幔帐，木罩的上方有一书写着"风篁成韵"的匾额，取"凤凰成孕"的谐音，盼望皇帝早有后代。东间光绪皇帝的书房中，一架用黄布制成的特大风扇悬挂在房梁上，夏日皇帝读书时，有太监用绳子拉动风扇扇风纳凉。

　　玉澜堂的东配殿霞芬室、西配殿藕香榭均为前后有廊的穿堂殿，单单看这两座配殿的名字便可知当初命名者的良苦用心，体会到这里霞芬满室、藕香环绕的意境，更不要说两配殿写景画意的楹联，尤其是藕香榭后檐悬挂着的楹联"台榭参差金碧里，烟霞舒卷画图中"。自藕香榭向西望去，可以看到万寿山上掩映在苍松翠柏中的宫殿，参差而立，点点金碧；沿着波光粼粼的昆明湖远眺西山，烟霞舒卷中玉泉山若隐若现，这幅五彩

三

颐和园建筑撷英

斑斓的图画都被凝聚在这一副小小的楹联里。楹联、诗句的文学描写与建筑巧妙搭配，延伸了这些已经固化了的山水空间，同时营造出能够引起人们无限想象的氛围，使得两者相得益彰。玉澜堂院中四面均用抄手廊和穿廊牵连着各座建筑，它们如同一条丝带，上承下接，绵延不断。

玉澜堂的建筑很朴素，在皇家园林整体环境中并不耀目，但这里却是游览颐和园的必到之处。吸引人们的不是清道光年间在这里举行过规模巨大的"千叟宴"，而是仅活到38岁的光绪皇帝在这里被慈禧囚禁并度过了余生，这里也因此成为中国历史上赫赫有名的"戊戌变法"的实物见证。现在玉澜堂内坑坑洼洼的地面，据说就是那时悲愤的皇帝长时间在屋内走动用手杖敲击地面形成的。

4. 宜芸馆

宜芸馆建筑群的入口是宜芸门，正殿宜芸馆，坐北朝南，与东配殿道存斋、西配殿近西轩一样都是面阔5间。院内南侧东西两边各有带壁的"丁"字形穿廊，宜芸门及北侧东西两边各有抄手廊串联着建筑群。院落本与玉澜堂相通，戊戌政变后被隔断。

正殿宜芸馆由乾隆皇帝命名，"芸"为一种香草，有驱虫的作用，古代用芸草做书签，防治蛀虫。宜芸馆即适宜藏书之地，这里在清漪园时期是为皇帝藏书、读书的地方，院内南墙上嵌有十块乾隆皇帝临摹古代著名书法家颜真卿、赵孟頫等人的名帖真迹，遗存至今，依然完好，具有很高的鉴赏价值。

光绪年间，宜芸馆是隆裕皇后的寝宫。光绪皇帝和隆裕皇后结合是慈禧太后为了政治利益而一手操办的，两个人的家族有着牵扯不断的亲缘关系，光绪皇帝是慈禧太后妹妹的儿子，

● 光绪皇帝与隆裕皇后

而隆裕皇后则是慈禧太后弟弟的女儿。而且，从一些老照片上我们也能看出，光绪皇帝虽然文弱，却是眉清目秀，面容姣好，而隆裕则算不上是美人，两人十分不般配，高高在上的皇帝也同样受到了封建家长制的钳制，丝毫没有感情基础就被强行结合，成为政治婚姻的牺牲品，这对两个人来说都是一场悲剧。毫无幸福可言的隆裕皇后是中国封建社会最后一位皇后，1912年，她代表清王朝宣告逊位，结束了清王朝对中国长达260余年的统治，同时也意味着中国封建社会的终结。

宜芸馆的东配殿和西配殿分别名为道存斋、近西轩。道存斋，顾名思义，表明了对道学的尊崇，所以这里的楹联也显得分外清幽逍遥：绿竹成阴环曲径，朱阑倒影入清池；霏红花径和云扫，新绿瓜畦趁雨锄。一片田园风景。清漪园时期，道存斋东面没有大戏台，而是一组名为"怡春堂"的建筑，从这两组建筑的名称和楹联中也可想见这座皇家园林始建时的环境。

三
颐和园建筑撷英

● 宜芸馆

而宜芸馆的西面临近昆明湖，园外的西山近似在眼前，所以它的西配殿被命名为近西轩，所悬挂的楹联也都是对景物的描写。

5. 乐寿堂建筑群

乐寿堂，始建于乾隆十五年（1750），原建筑为两层，前后出抱厦，内设仙楼。清漪园时乐寿堂并不是寝宫，它的楼下是书斋，楼上供奉大量佛像。这座殿堂被英法联军焚毁后，于光绪十二年（1886）重建，改为现在一层、平面呈"十"字形的样式，是"内寝"建筑的主体，为一组前后两进、左右各有跨院的大型四合院落，院中以低矮的游廊连接各建筑物，分划庭院空间。整个院落由水木自亲宫门、乐寿堂、后罩殿、东西配殿、东西跨院、游廊及值房等组成。重建后建筑的规模比始建时略小，但平面在纵横方向分隔灵活，屋顶采用了前后勾连搭形式，使建筑体量协调、雍容大方。堂前对称地排列着铜鹿、铜鹤、铜瓶，庭院内栽植有玉兰、海棠、牡丹，显得清丽、典雅而又有浓厚的生活气息。

　　水木自亲是乐寿堂的宫门，为紧靠昆明湖的 5 间穿堂殿，门前有一座石造雕栏码头，是慈禧太后从水路出入颐和园上下船的地方。码头上两根高达丈余，顶部连接处呈半圆形的灯杆，屹然挺立，每夕灯亮时，照耀水面，宛如皓月当空。殿的两侧各有一面长长的白粉墙，墙上装饰着形状各异的什锦玻璃灯窗，透过各式窗框南望，是一幅幅各具风致的湖景画面。临湖驳岸装有汉白玉雕栏，雕栏粉墙弄影于碧波之上，与山影相衬，明净妩媚，别具风情。

● 水木自亲

三

颐和园建筑撷英

从水木自亲宫门进入，就到达了乐寿堂前开阔宽敞的主庭院，院中点缀着一块巨大的山石"青芝岫"，自然而然地成为宫门内的影壁。

乐寿堂建筑上高悬的"乐寿堂"匾额是光绪皇帝的手笔。走进乐寿堂，中间设有紫檀雕龙宝座、御案、掌扇和用象牙、螺钿镶嵌的紫檀玻璃屏风，两旁陈列着康熙朝的青花大果盘，用来盛放水果，以水果的天然香气来熏香房间。

● 乐寿堂

乐寿堂以开间大，间数多，拥有东西两个跨院而成为颐和园内居住区规格最高的建筑。这里背山面水，后有苍翠青山作为依托，前面又是开阔的湖水，风景绝佳，而且乐寿堂东西两侧各有配殿，为穿堂形式。出西配殿，正对长廊入口邀月门；出东配殿即可由廊道穿行到达德和园颐乐殿和皇后居住的宜芸馆后门，上朝听政、看戏、游湖、游园都非常便捷。慈禧太后几乎每年二月就来，有时到十一月才回到故宫，她的晚年几乎全部在这里度过。

　　永寿斋位于乐寿堂的东跨院，慈禧太后宠信的太监李莲英曾在此居住，故俗称总管院。该建筑为一独立院落，由永寿斋正殿、前殿、东配殿、耳房及东面跨院组成。院西墙有垂花门与乐寿堂相通。这组建筑修建于光绪十七年（1891），为乐寿堂主体建筑的辅助生活用房。院南面有八角屏门，迎面为永寿斋前殿，前殿后方是永寿斋正殿。正殿坐北朝南，勾连搭双卷硬山

● 永寿斋

屋顶，东侧有一座硬山顶配殿，配殿前有一眼水井。殿东另有一小跨院，内建硬山顶正殿5间，坐东朝西。殿南、殿北各有耳房两间。

扬仁风位于乐寿堂西跨院。西跨院是一座非常幽雅的小庭院，院门形似满月，院内有一"凹"形的荷池，朱栏沿池曲折，粉墙依山宛转，假山叠石随山势起伏，酷似江南园林景色。小院南面入口邻邀月门，院东墙有垂花门与乐寿堂相通。院中北端最高处坐落着一座小殿——扬仁风。殿名出自《晋书·袁宏传》：袁宏被派往某地做官，谢安赠扇送别，袁宏机敏地表示自当奉扬仁风，抚慰百姓，不负厚望。扬仁风坐北朝南，歇山顶，柱高2.99米，建筑面积仅为74.7平方米。小殿建筑形制为扇面形，又被称为扇面殿，其漏窗以及殿内的宝座、香几、宫灯等均为扇面形，殿前地面也用汉白玉嵌砌成扇骨形，极为别致。远远望去，扬仁风就好似一把似开欲合的折扇，妙趣横生。

6. 德和园建筑群

德和园建筑群位于仁寿殿的西北侧，始建于光绪十七年（1891），是一组大型的戏园建筑，前后4进院落，以3层的大戏楼为主体，包括园门、大戏楼、看戏廊、颐乐殿、后罩殿、配殿、后垂花门等建筑物，依次排列成为一条南北的轴线，这条轴线与万寿山东麓山脊上的景福阁的中轴线对位重合，楼阁相望，互相辉映。

德和园的大门面阔一间，硬山顶，坐北朝南。门内为建筑群的第一进院落，东南和西南面各有群房，修建成"L"形，建筑面积471平方米，硬山式屋顶。

大戏楼在第二进院落内，是德和园的主体建筑。戏楼高21米，分3层，卷棚歇山顶，坐南朝北。下层戏台宽17米，中层

● 大戏楼

戏台宽 12 米，上层戏台略小一点。戏台台明高 1.2 米，东西各有 3 个汉白玉通气孔。在下层戏台的后面有一座 3 间的仙楼，仙楼与戏台台面之间由 4 座仙桥连接。出于表演大切末戏和增强演唱效果的需要，在下层戏台底部开挖了一口砖井。砖井的东、西、北三面还开挖了 5 个水池，既可供演出时制造喷泉效果，又可以借水音增加演唱的共鸣效果。与这 5 个水池相对应，在中、上层戏楼上面建有 5 部滑车。演戏时可以上下配合，同时表演有水法、戏法的大切末戏。戏台后部毗连两层的扮戏楼，扮戏楼面阔 5 间，后出抱厦 3 间，柱高 12 米，与戏台紧密相连。

颐乐殿与大戏楼相对，又称看戏殿。殿前后出廊，面阔 7 间，坐北朝南。歇山式屋顶前檐外金柱间额枋上悬挂满、汉文

● 颐乐殿

"颐乐殿"匾额。从北京图书馆舆图组珍藏的一份德和园地盘图样上可以见到这座大殿最初的设计为两层，实际修建时改建为现在的一层，但为了迎合慈禧太后的兴趣和需要，并没有缩减原设计的尺寸，反而更加高大、华丽。看戏廊在颐乐殿的东西两厢，共 38 间。廊为硬山顶，1950 年，在廊子的基础上加门窗改为房屋，现为展室。

庆善堂位于德和园的第三进院落内，面阔 5 间，坐北朝南，歇山式屋顶，堂的东西两面各有敞厅 3 间，歇山顶。堂前有东

● 庆善堂

西配殿，硬山顶。堂的东西两侧带跨院，内各有硬山顶建筑两间。庆善堂的后面为建筑群的第四进院落，即德和园的后院，院落的东西两面各有硬山顶配殿。

膳房始建于光绪年间，是专为帝后烹饪食物的厨房，在园内共有两座。慈禧太后的专用厨房名寿膳房，位于德和园西面，

由 8 个院落组成，又称东八所。光绪帝的专用厨房名御膳房，位于仁寿殿南配殿南面，1942 年拆除。

7. 长廊

长廊是万寿山下横贯东西的彩绘画廊，是中国园林中最精彩的廊的代表。它像一条美丽的飘带，将分布在湖山之间的楼、台、亭、阁、轩、馆、舫、榭有机地连缀成一体。从乐寿堂西的邀月门，至西面的石丈亭，共有 273 间，全长 728 米，廊的中间建有象征春、夏、秋、冬的留佳、寄澜、秋水、清遥四座八角重檐亭。

长廊随着万寿山南麓的地势高低而起伏变化，随着昆明湖北岸的凹凸而弯曲，设计师巧妙地利用廊间的建筑作为高低和变向的连接点，避免了长廊过直、过长和地势不平的劣势，营造出曲折、绵延、变化的廊式。长廊的每根廊枋上都绘有大小不同的苏式彩画，共 14 000 余幅。内容有西湖风景、山水人物、花卉等，许多画面是乾隆皇帝南巡时沿途临摹的景色。人物画描绘的大多是中国古典文学名著《红楼梦》《西游记》《水浒传》《三国演义》《聊斋》《封神演义》中的故事，因此长廊又是一条艺术的画廊。1990 年，长廊以杰出的建筑和丰富绚丽的彩画被收入《吉尼斯世界纪录大全》。

在颐和园的大山大水之中，长廊是匠心独运的一大手笔，既具有北方廊的雍容华贵，又融合吸收了南方廊的典雅，更有一番皇家的威严气度，代表了中国园林建筑的高超水平，是颐和园内的经典建筑。长廊在遮阳避雨的同时，也把万寿山与昆明湖紧密地联系在一起，它以排云殿为中心，呈东西走向，向两边延伸，把万寿山前山上下的各组建筑串联起来，以其长度与佛香阁的高度遥相呼应。

● 长廊彩绘图之封神演义

　　在类型上，它属双面空廊，景观通透；在空间效果上，它既起空间分割作用(这点与西堤类似,西堤为分割湖面,而长廊分割山水)，又有使园林空间有机过渡的作用，丰富了空间的变化与层次。作为古典园林基本建筑类型之一的游廊，其长度堪称中国园林中长廊之最，而廊中彩画的丰富程度也在中国古典园林中独树一帜，据记载，在乾隆年间，乾隆皇帝曾派如意馆画师到杭州西湖写实，得西湖景546幅，没有雷同，没有杜撰，然后再移绘到这273间长廊上，给这座北方园林建筑点染了江南庭苑风韵。在长廊中行走可以充分体会到中国园林步移景异的艺术效果，廊外湖光山色，流光溢彩；廊内雕梁画栋，目不暇接，犹如一幅连续展开的精美山水画长卷。

三

颐和园建筑撷英

● 长廊

8. 排云殿—佛香阁建筑群

排云殿－佛香阁建筑群是全园建筑规制最高的建筑群。整组建筑坐北朝南，以一条中轴线贯穿，中轴线两侧的建筑成对称格局，建筑饰以黄色琉璃瓦、红色外墙，充分彰显中国古代帝王至高无上的权威和地位。乾隆时曾规定：在御苑中除佛寺、神庙可用琉璃瓦外，其他离宫别苑一律不得使用琉璃瓦。排云殿建筑群是违反这一规定最突出的一例，主殿和配殿皆是黄色琉璃瓦屋面。

清漪园时期，万寿山中部是乾隆帝为母祝寿而建的大型佛寺"大报恩延寿寺"。大报恩延寿寺沿山坡逐层起造台地，自湖岸至山顶建有牌楼、天王殿、钟楼、鼓楼、大雄宝殿、多宝殿、佛香阁、众香界、智慧海等建筑。

● 清漪园大报恩延寿寺前牌楼

三

颐和园建筑撷英

058

● 排云殿—佛香阁建筑群俯瞰

咸丰十年（1860），这组建筑除智慧海、众香界、宝云阁、转轮藏及石台、石经幢、石狮外，全都夷为平地。光绪十二年（1886），在此修建了一组以排云殿为中心专供慈禧太后祝寿庆典之用的殿堂。整组建筑也由清漪园时单纯的佛寺建筑改变为有佛寺、朝堂，可居住的混合建筑。

　　"云辉玉宇"牌楼为万寿山中轴建筑群的起点，坐北朝南，四柱七楼，高3.81米。庑殿式与悬山式顶。正楼大额枋匾曰"云辉玉宇"，后檐匾曰"星拱瑶枢"。牌楼北面为面阔5间的排云门，宫门为黄色琉璃瓦屋面，歇山式顶，坐北朝南。门前在清漪园时期原有一对青白石狮子，修建颐和园时从圆明园移来一对铜狮安设。铜狮两边对称地排列着12块象征生肖的太湖石，为畅春园的遗物。

🌸 云辉玉宇牌楼

　　玉华殿、云锦殿分别为清漪园时期大报恩延寿寺的钟楼和鼓楼，位于排云门内第一进院落的东西两厢，院落中心是清漪园时期遗存的长方形水池，上架单孔石拱桥。玉华殿、云锦殿均面阔5间，歇山式顶。排云门向东转而向北至玉华殿、向西转而向北至云锦殿各有游廊相连。玉华殿、云锦殿向北至第二进院落均用爬山游廊连接，两殿后方各有硬山顶值房。

　　排云门第一进院落内的石桥正对着二宫门，门面阔3间，歇山式顶，门上有匾"万寿无疆"，联"宝祚无疆万年绵葥禄，天颜有喜四海庆蕃厘"，明确显示出排云殿的功能是用来庆祝"万寿圣典"。

● 二宫门

排云殿位于二宫门内，是建筑群的主殿。排云殿殿名源自晋代诗人郭璞"神仙排云出，但见金银台"的诗句。建筑坐北朝南，面阔 5 间，重檐歇山顶。"排云殿"匾下有联"松岳大云垂九如献颂，瀛洲甘雨润五色呈祥"，描绘的是一幅祥云颂德、甘雨献瑞的人间仙境。殿内的另外两联"叠石起璚峦如山之寿，引泉通玉液有泽皆春""佳霭集彤闱花皆益寿，祥光凝紫禁树尽恒春"，再一次点出了排云殿"庆寿"的主旨。排云殿前是用汉白玉栏杆围护着的三面有台阶的宽阔平台，台上成对摆放着铜龙、铜凤、铜鼎，台下两侧对称地排列着四口铜缸。

● 排云殿

排云殿的东配殿名芳辉，西配殿名紫霄，均面阔 5 间。两配殿均有游廊通向排云殿。排云殿东西跨院各有 3 间歇山顶房，坐北朝南。

排云殿后建有石台，台上所建德辉殿面阔 5 间，坐北朝南，歇山式顶。排云殿东西两侧各有爬山廊，将其与德辉殿、紫霄殿、芳辉殿连为一体。德辉殿院内东西各有 3 间硬山顶房，均

三 颐和园建筑撷英

坐北朝南。

介寿堂、清华轩位于排云殿建筑群的东西两侧，始建于光绪年间。介寿堂为一组坐北朝南的四合院，院内建筑皆为硬山顶，光绪年间在原清漪园慈福楼的基址上重新设计修建而成。乾隆时始建的慈福楼高两层，正殿面阔5间，后照殿面阔3间，是帝后拈香时的休息处。新建的介寿堂分前后两进院落，带东西跨院，建筑形式变动较大。介寿堂南面入口为一殿一卷式、悬山顶垂花门。正殿介寿堂，面阔5间，带东西耳房。殿前悬挂"介寿堂"匾。殿的东、西各连接一座耳房，正殿东西两面各有配殿。介寿堂后院北殿面阔5间，带东西耳房，东西各有配殿。西跨院中有北房3间。东跨院中有西房13间。介寿堂外东面还有九间建筑，坐西朝东。

与东侧介寿堂相对的建筑名清华轩，清漪园时这里原为仿杭州云林、净慈寺修建的一座佛寺，名五百罗汉堂。堂的平面作"田"字式，有南、东、西三门，堂前有八角形小池，堂东有亭。1860年被英法联军焚毁，光绪时改建为双四合院形式的居住建筑。轩的形式和功能与过去相比有了很大的改变，但前院中的圆形水池和白石拱桥，及东院内记录五百罗汉堂的形制和乾隆平定准噶尔叛乱的石卧碑，仍然是乾隆时期的原物，未有移动。轩名出自谢混《游西池》"水木湛清华"的诗句，院落精致的垂花门两侧，镶有形态各异的什锦花窗，散发出浓郁的园林气息。

清华轩的垂花门紧邻长廊的北侧，坐北朝南。进入垂花门，是一进小小的四合院，院落中心有圆形的水池，池上南北向坐落着一座单孔拱桥，花岗岩桥体，云头望柱，瓶（平）安如意雕空心栏板。从桥上穿过，即到达正殿清华轩，清华轩坐北朝南，面阔5间。殿的东西两侧各有耳房两间。正殿前东西各有配殿，院内各处建筑均有廊相连。第二进四合院较前院稍小，北殿5

间，设有东西耳房和东西配殿。东跨院内有北房 3 间。院中石碑亭坐西朝东，面阔 3 间，歇山顶。亭内卧一石碑，记录了乾隆平定准噶尔叛乱的经过，是中俄北部边界的有力见证。清华轩外西侧另有 9 间建筑，坐东朝西，现为快餐厅。

佛香阁耸立在万寿山前山的中心部位，兴建于乾隆十五年（1750），咸丰十年（1860）毁于战火，光绪朝得以按原样重建，是全园的核心建筑，也是乾隆、嘉庆、道光、咸丰四位皇帝主要

三

颐和园建筑撷英

● 佛香阁

的礼佛之所。皇帝礼佛之前佛寺中的喇嘛要先进行洒扫的工作，礼佛时寺院鸣钟，喇嘛齐念佛经，寺院香炉中烟雾缭绕，给人佛国仙境之感。

众香界位于佛香阁北面，始建于乾隆年间，是一座黄色琉璃瓦歇山顶牌楼。牌楼坐北朝南，四柱七楼，面阔3间，有3个拱形门洞，高5.13米，台基用汉白玉砌成，有须弥座。前檐石匾"众香界"，后檐石匾"柢树林"。琉璃牌楼与排云门南北遥遥相对，有红墙相连，排云殿、佛香阁等建筑一概被红墙圈入其内。

● 众香界

智慧海位于众香界之北的万寿山山顶，始建于乾隆年间，是一座两层的宗教建筑。智慧海为仿木结构建筑，造型朴重，全部用砖石发券砌成，不用枋梁承重，又称"无梁殿"。坐北朝南，面阔7间，五色琉璃瓦屋面，歇山式顶，正脊上有5个塔囊。外墙全部用黄、绿两色琉璃瓦装饰，顶部则间以紫、蓝诸色，形成富丽而又和谐的建筑色彩。前檐明间门洞上方有石匾"智慧海"，后檐有石匾"吉祥云"。须弥座式围墙，墙面上嵌有

● 智慧海

三

颐和园建筑撷英

一排排精致的琉璃小佛像。殿内第一进为门通道，第二进中间为观音大士佛像，东侧为韦驮，西侧为天王。第三进明间为石拱门，东次间供奉文殊菩萨，西次间供奉普贤菩萨。

众香界、智慧海由于其砖石结构在咸丰十年的兵火中幸免于难，但殿内的木制佛龛全部被毁。光绪十四年(1888)重新修缮众香界琉璃牌楼和智慧海琉璃殿。光绪二十六年(1900)八国联军侵占北京时，将智慧海墙外壁上所嵌琉璃小佛的佛头敲下不少。

敷华亭、撷秀亭位于佛香阁东西两侧巨大的假山石上，始建于光绪年间。东名敷华，西名撷秀，两亭攒尖重檐，亭周围有石栏杆，亭下有石洞，东通转轮藏，西达宝云阁。

转轮藏位于敷华亭东南侧，是颐和园中现存为数不多的乾隆年间的建筑，咸丰十年(1860)英法联军焚烧清漪园时幸免于

● 转轮藏与万寿山昆明湖碑

难。转轮藏是一组佛教建筑，坐北朝南，由一座正殿和以飞廊连接的两座配亭组成。建筑仿照宋代杭州法云寺藏经阁的样式，殿顶作琉璃瓦三勾连搭攒尖顶，配亭各上下两层，有木制彩油4层木塔转轮藏经架，转动木架可代替诵经，形似法器"转经桶"，转轮藏由此而得名。在正殿和两翼环抱而成的庭院中心，耸立着颐和园中最大的一块石碑——万寿山昆明湖碑。石碑通高9.87米。碑座为6层束腰式，中间腰身浮雕佛像，四周浮雕龙纹，碑帽浮雕卷草龙纹，正中有宝顶，造型雄伟，雕刻精美。这座石碑建于乾隆十六年（1751），碑文四面阴刻，皆为乾隆帝御笔。碑阳正书"万寿山昆明湖"六个大字，碑阴为记述疏浚昆明湖始末的《万寿山昆明湖记》，两侧为乾隆御制诗。

五方阁位于佛香阁西侧的高大台基上，与转轮藏对称，始建于乾隆年间，咸丰十年被毁，光绪时重修。五方阁是一组宗教建筑，平面布置是佛教密宗"曼荼罗"的象征。"曼荼罗"在佛经中本义为"万德圆满"的境地，众神聚集的坛城。五方标示佛界东、西、南、北、中五个方位，庭院中及4个方位的各座建筑，分别代表曼荼罗上的佛、菩萨所居的分位。清漪园时殿内供奉释迦牟尼佛、五方佛等众多佛像，院内北面的石筑峭壁上，巨大的莲花框中悬挂"威德金刚护法变相"巨幅绣像。每逢冬至时节，喇嘛绕殿诵经，为帝后祈福。

五方阁建筑群坐北朝南，前俯绿水，后倚青山，地势高敞，环境清幽，是一组方正的院落。整个建筑随山就势从南至北逐步升起，宫门南向，门前有一面汉白玉影壁。影壁北面是一座四柱三楼的石牌楼，高3.83米。石牌楼上镌刻有乾隆帝御笔的额联。牌楼前面还有一座4米多高的石壁，原为利用大理石的花纹镶成的一幅天然山水画，今已漫漶不清。

在正殿、配殿、角亭及游廊围合而成的方正庭院中，坐落着一座铜殿——宝云阁。宝云阁始建于乾隆二十年（1755），乃运

● 宝云阁

用中国传统的拨蜡法铸造而成，是中国目前尚存的工艺最精巧、体量巨大的青铜铸品之一。阁的平面呈四方形，重檐歇山式屋顶上有佛塔形宝顶，北侧上层悬挂"宝云阁"铜匾。四面装修菱花门窗，四角各有一个铜铃。宝云阁的梁、柱、枋、椽、斗拱、顶瓦、宝顶、门窗以及匾额皆为铜铸，但其式样、尺寸和工艺精细程度与木结构完全相同。殿内坎墙壁上镌刻了当时监工大臣和所有工匠的名字。咸丰十年英法联军火焚清漪园，宝云阁因其铜铸的材质幸免于难。200余年来，宝云阁经历了风雨的侵蚀和帝国主义的入侵，可谓历尽世变，阅尽沧桑。

9. 画中游

　　画中游始建于乾隆年间，光绪时重修，建筑高低错落，风景如画。画中游由画中游楼、澄辉阁、爱山楼、借秋楼及石牌坊组成，它位于前山西南坡的转折处，此处地势高敞，视野宽广，既可观景，又可得景。建筑群以楼阁为重点，陪衬亭台，以爬山游廊连通上下，布局对称，互不遮挡，景观空间层次变化较大。景区大量堆叠山石，围植松柏，构成山地小园林特色。

　　画中游建筑群共有4座主要建筑，突出于群组中轴线最南端的两层亭式敞阁名澄辉阁，是整个建筑群的主体。澄辉阁坐北朝南，造型为平面八方阁形式，重檐八脊攒尖顶，修建在陡峭的山坡上，前后高差约4米，下层的柱子顺着山石的起伏而长短不一。澄辉阁面南悬挂"画中游"匾。这里通透开阔，东、西、南三面都可以凭栏眺望：青山塔影，堤岛湖泊，深远迷蒙；立柱与楣子木栏杆构成一幅幅精致的画框，宛若画境。

　　澄辉阁后方是在天然裸露的山石上堆叠而成的一组假山，巧妙布置的山石与阁、游廊紧密相连，构成上下穿插的曲径，增加了这组山地建筑的情趣。经假山北面的石牌坊，可到达一组由爬山游廊环抱而成的庭院，庭院的主体即是小巧别致的画中游，它位于整组建筑的最北端。画中游面阔3间，坐北朝南，歇山顶。画中游东西两侧各有爬山廊，东接爱山楼，西接借秋楼。石牌坊庑殿式顶，高3.19米，南北面皆有额联，点出了人

● 画中游中的爱山楼

们在画中游的感受：身处画中游，目光所及，山水如画，美不胜收，令人感到清凉高爽、飘然若仙。

10. 清晏舫

　　位于寄澜堂西北侧，昆明湖的西北角，始建于乾隆年间，原名石舫，造型仿自江南园林中的"舫"式建筑，全长36米，船体用巨大石块雕砌而成，上建有中国传统式样的木构舱楼，分前、中、后舱，后舱为两层。光绪十八年（1890）重修时，将中式舱楼改建成西洋式的舱楼，更名清晏舫。清晏舫南北向坐落，船头向北，船尾高翘，两层，共16间房。舫上洋式楼房绘有西洋彩画。一层南4间和二层北4间有彩色花玻璃窗，其余为拱形窗。二层坐凳外侧有美人靠。舫的北侧有一穿堂门。

● 清晏舫

三　颐和园建筑撷英

荇桥位于清晏舫北侧，始建于乾隆年间，光绪时重修，是一座三孔石桥。桥以水中荇藻命名，东西向跨越在万字河上。桥亭面阔 3 间，重檐攒尖方顶。花岗岩石桥基，亭柱下脚各有石狮两个。

● 荇桥桥亭

11. 南湖岛—十七孔桥建筑群

南湖岛—十七孔桥建筑群由十七孔桥连接东堤廓如亭与昆明湖中的南湖岛而组成，岛、桥、亭结合为一个整体，与万寿

山遥相呼应。廓如亭始建于乾隆时期，光绪时重修。亭坐北朝南，平面呈八方形，故又称八方亭。廓如亭在颐和园乃至中国同类园林建筑中都是最大的亭类建筑，亭子的体态舒展稳重，气势雄浑，颇为壮观。

十七孔桥始建于乾隆年间，光绪时重修。桥长 150 米，宽 8 米，由 17 个券洞连续而成，是园内最大的一座桥梁。青石筑成的桥体，汉白玉栏杆，桥栏的望柱上共雕有神态各异、大小不同的石狮 544 只，可与著名的卢沟桥石狮媲美。桥的两头有四只石刻异兽，形象威猛，极为生动。桥中心券洞南侧有石额"修蝀凌波"，楹联曰"烟景学潇湘细雨轻航暮屿，晴光总明圣软风新柳春堤"。北侧有石额"灵鼍偃月"，楹联曰"虹卧石梁岸引长风吹不断，波回兰桨影翻明月照还望"。

南湖岛以位于昆明湖南部而得名，岛的平面近似椭圆形，东西长 120 米，南北宽 105 米，面积 1 公顷。环岛以整齐的巨石砌成泊岸，并用青白石雕栏围护。岛上北半部以山林为主，南半部以建筑为主。乾隆年间岛上建有广润灵雨祠、鉴远堂、澹会轩、月波楼、云香阁、望蟾阁。嘉庆年间将 3 层的望蟾阁拆除，改建为单层的涵虚堂。咸丰十年（1860）岛上建筑严重被毁，光绪时重修。

南湖岛东端广润灵雨祠前的方形小广场上，东、西、南三面各有一座牌楼，均为四柱三楼冲天式。三座牌楼始建于乾隆年间，光绪时重修。1951 年拆除倾危的东西牌楼，1986 年照原样重建。东牌楼正楼东面匾额曰"凌霄"，西面曰"瑛日"，西牌楼正楼东面匾额曰"镜月"，西面曰"绮霞"。东西牌楼与十七孔桥、南湖岛院落的东垂花门形成了一条东西向的轴线。南牌楼正楼北面匾额曰"虹彩"，南面曰"澄霁"，正对着广润灵雨祠的山门，与东西牌楼一起构成了对广润灵雨祠的环拱之势。

074

● 南湖岛—十七孔桥建筑群全景

三

颐和园建筑撷英

广润灵雨祠位于南湖岛东南部，是岛上最重要的建筑。始建于乾隆年间，是在明代西湖东岸龙神祠的旧址上重新修建而成，建成后赐名"广润"。广润祠建成后，原来每年夏季在黑龙潭举行的求雨祭祀活动被挪至此处。乾隆六十年（1795）四月二十八日，乾隆帝亲临龙王庙祈雨，当晚大雨滂沱，次日，乾隆帝增赐龙神封号为"广润灵雨"。嘉庆十七年（1812）五月七日，嘉庆帝因祈雨灵验又加龙神"广润灵雨祠沛泽广生"封号，并命令此后每年春秋两季遣官致祭。咸丰十年（1860）广润灵雨祠被英法联军烧毁后，每年在原址上"支搭席棚"遣官致祭，这种情况一直持续到光绪十四年（1888）重建广润祠。

广润灵雨祠四周围以红墙，正南建有歇山顶琉璃山门，上有 10 个吻兽。门上嵌嘉庆帝御书的"广润灵雨祠"石额。山门两侧及东墙上各有一座随墙门。山门外左右各矗立着一根高大的旗杆，是祭祀活动中悬挂祭旗所用。广润祠坐北朝南，面阔

● 广润灵雨祀山门

3 间，柱高 3.35 米，建筑面积 87.7 平方米，前后有廊，硬山黄色琉璃瓦顶。明间悬匾"泽普如春""灵岩霞蔚"，有联"云归大海龙千丈，雪满长空鹤一群"。

岛上庭院位于广润灵雨祠西面，有小门与祠相通。院落主要由东垂花门、鉴远堂、澹会轩、云香阁、月波楼、北垂花门组成。东垂花门坐西朝东，双卷悬山顶，后檐柱间有 4 扇屏门。鉴远堂、澹会轩、月波楼坐落在同一轴线上。鉴远堂坐南朝北，面阔 5 间，前后有廊，硬山顶，南面临水，凌波而建，开窗纵目，一碧万顷。乾隆帝非常喜欢鉴远堂，当年经常在此传膳、游憩。澹会轩面阔 5 间，坐北朝南，与鉴远堂相对，南北有廊，硬山顶，轩东西各有两间耳房。东垂花门、鉴远堂、澹会轩间有游廊连接成一座方正的小院。月波楼是一座两层楼房，面阔 5 间，坐北朝南，前后有廊，歇山顶，匾额"月波楼"，下有楹联"一径竹荫云满地，半帘花影月笼纱。琪花银树三千里，云影瑶台十二层"，巧妙地道出了此地是观云赏月的佳处。北垂花门坐南朝北，面阔 3 间，是光绪年间重修时添建的。北门以东与月波楼平行相对的是与广润灵雨祠同一轴线上的两层小楼云香阁，阁面阔 5 间，坐北朝南，前后有廊，悬山顶。月波楼西边还有一座朝西的垂花门，是光绪年间重修时添建的，门内是一座由 4 间南北向的值房组成的小院，院西墙中央设一小门，迎门建有码头。

涵虚堂耸立在岛上庭院以北青石堆筑的假山坡顶，与万寿山上的佛香阁遥相辉映，互为对景。涵虚堂始建于乾隆年间，是岛上最大的单体建筑，原名望蟾阁，乾隆十九年（1754）仿武昌黄鹤楼而建，巍峨三层，隐现在天光水色中，有琼楼玉宇的意境。嘉庆年间将阁拆除，改建涵虚堂，咸丰十年（1860）被毁，光绪时重修。堂坐南朝北，面阔 5 间，北面接抱厦 3 间，周围有廊，建筑面积 376.6 平方米。勾连搭歇山式屋顶，上有吻兽。

● 涵虚堂

涵虚堂南面阶下有一月台，四周围以汉白玉雕栏。沿月台两侧的石级曲折而下，可至南湖岛院落的北垂花门。北面游廊外侧围有汉白玉望柱栏杆，两侧有陡峭的石级直通南湖岛北岸。石级之下有一石洞，洞门额曰"岚翠间"，联曰"刊岫展屏山云凝鬈画，平湖环镜栏波漾空明"。洞内有石级上下通连。

12. 苏州街

苏州街，又被称为"清漪园宫市"，它是乾隆皇帝为其母亲及后妃在昆明湖后湖两岸模仿江南水乡街肆建造的一处游玩娱乐的"买卖街"，1860年被英法侵略军焚毁，慈禧修建颐和园时未能将其恢复，致使荒芜百年。1990年，在清漪园遗址上进行复建，成为颐和园中一条具有深厚历史背景和丰富文化底蕴的宫廷特色水街。

苏州街的修建汲取了江南园林的精髓，细腻中有粗犷，淡雅间有豪放，在景观上蕴涵着皇家的气势，讲究大境而又不失气度。街中的建筑构思巧妙复变，在后湖林荫蔽日的环境中又显示出它幽静别致的一面，红墙灰瓦的色彩，与南方建筑的白墙飞檐是不同的。这里一河两街，店铺鳞次栉比，各具特色，短短

● 苏州街

三

颐和园建筑撷英

的三百米街市巧妙地将石台、树木、湖水和文化韵味变幻成宜人的景色。远看苏州街，你可以看到它富于变化的天际线，有主景建筑或标志物，走进街内你会看到它有对一屋一物别致的审美角度，表现在建筑形式、色彩、质地上的美学构思，并利用后湖娴雅之气，将灵动的湖水、幽雅的风光融合到气势恢宏的四大部洲脚下，实现动静结合、错落有致的造景手法，交互形成以庙带市的商业模式。苏州街是立体的、有生命的艺术形式，是自然景观与人文景观的和谐对话，反映了南北文化的交融。苏州街的出现展示出造园者"以人为本"的园林设计理念，并多角度地构筑出独有的文化特质，从园林美学、建筑文化、宫市气韵、店铺陈设、经营内容等多方面展现出其对民族传统文化的信息载体作用，实现买卖街与文化水街的完美交汇。

苏州街复建开街后，每年春节期间都要在这里举行热闹的"宫市"活动，形成了别具特色的娱乐场景。间间门面挑纱灯，挂幌子，琳琅满目的民间工艺品，或粗犷豪放或细腻柔软的表演，让京城的百姓从这里领略和感受到传统民俗的魅力，把京腔京韵的旧京文化与婉约清丽的水乡风情巧妙地结合在一起，使游客在饱览北方园林特色的同时，尽享皇家传统宫市的乐趣。在喜庆祥和的春节，这里已经成为北京地区群众活动的一个亮点。

苏州街是各种文化对皇家园林文化的渗透，如茶、评弹、书法、酒、苏绣、染织、橹船、风筝、烟袋、玉器等等，是江南文化与京城市井文化兼收并蓄的展示，通过店内陈设、经营内容模拟再现清代经商场景，表现着"商号荟萃，百业聚全"。在这里，我国的传统工艺品如鼻烟壶、风筝、文房四宝、紫砂用具等通过苏州街这一特殊形式的文化载体，将其制作过程、制作技术与市场需求相对接，使这些以制作工艺形式存在的无形文化遗产不但得以有效地保护，而且与有形的园林景观相互依存、相互烘托，共同反映着颐和园的历史文化积淀。苏州街十几年来的经营思路始终把握着经营与特色的关系，展现出苏州街独有的文化特质，根据现实需求和自身的文化定位，吸引不同层次的中外游客对我国传统文化和民俗民风的关注，从而使传统工艺得以传承。

13. 谐趣园

　　谐趣园原名惠山园，位于万寿山东麓，是清漪园整体规划的重要组成。清乾隆十六年(1751)仿照江苏无锡寄畅园于清漪园中建造谐趣园的前身惠山园。谐趣园具有鲜明的江南园林特征，被誉为中国古典园林中典型的"园中之园"。惠山园继承了寄畅园"幽致"的江南园林风格。园林面积不大，以数亩水池为中心，环池建有各式建筑。除园门外还有载时堂、墨妙轩、就云楼、澹碧斋、水乐亭、知鱼桥、寻诗径、涵光洞，这一堂一轩一楼一斋一亭一桥一洞加以曲水成径即是著名的惠山园八景。嘉庆十六年(1811)改建惠山园，改园名为"谐趣园"。在水池北岸添建主体建筑涵远堂，南岸添建澹碧敞厅。涵远堂占据了原来寻诗径、涵光洞的位置。墨妙轩改名湛清轩，载时堂改名知春堂，就云楼改名瞩新楼，澹碧斋改名澄爽斋，水乐亭改名饮绿亭。咸丰十年(1860)英法联军焚毁清漪园，谐趣园也随之被毁。光绪十七年(1891)慈禧太后主持重建谐趣园，池岸改为规则形，环池建有知春亭、引镜、洗秋、饮绿、澹碧、知春堂、小有天、兰亭、湛清轩、涵远堂、瞩新楼、澄爽斋、知鱼桥等主体建筑。其中，知春亭、引镜(轩)、兰亭、小有天为添建的建筑。另添建游廊与原有 46 间游廊串联，形成兜圈游廊 115 间，使建筑连为一体。慈禧驻园时，经常在此钓鱼游乐。

● 谐趣园冬景

四

颐和园山水览胜

1. 万寿山

颐和园万寿山的山体在金元时期因形似瓮而被称为瓮山。又有一说法，见于古代笔记：有一老父在凿山时掘到一个石瓮，大于常瓮许多倍，瓮上雕琢着怪异的花纹，瓮中藏着数十件物品。老父拿走了瓮中的所有东西，而把瓮放在山的西面，立下谶语曰"石瓮徙，贫帝里"。明代嘉靖年间瓮果然不知去向，物力也渐耗而贫，这个传说中能预知天下的神奇石瓮，便成为瓮山山名的发源之一。

瓮山的地貌环境在北京西北郊一带占据着得天独厚的优势。山前有湖光澄碧的西湖，西有峰峦苍翠的玉泉山。在瓮山上可以眺望到远处的都城宫阙和近处的湖山风景。元明时期，瓮山、西湖、玉泉山之间山水相连，构成独特的地貌，为颐和园的前身清漪园的修建提供了良好的基础。

清代，乾隆皇帝以瓮山、西湖的天然结构为基础框架，经

● 万寿山、昆明湖眺望图

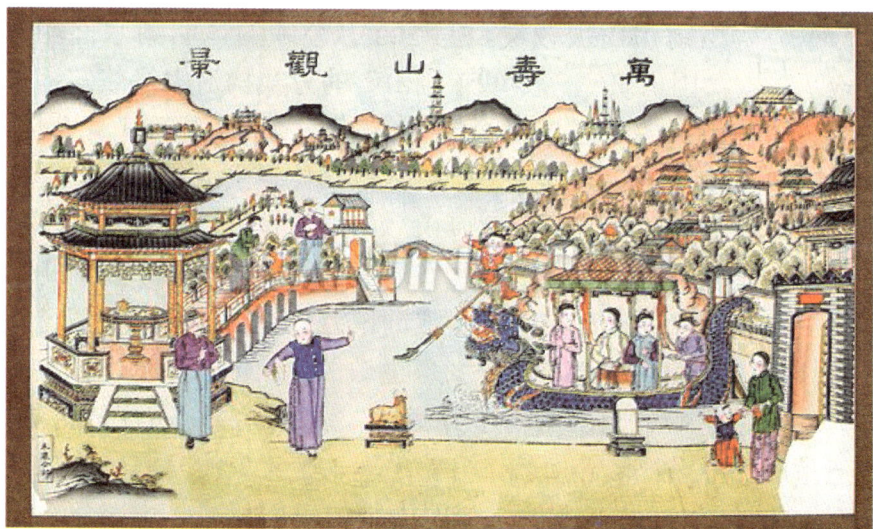

● 杨柳青年画——《万寿山观景》

过大规模的人工修整改造，建造成举世无双的大型皇家园林清漪园，颐和园的湖山地貌于此时定型。清漪园的建造自乾隆十五年(1750)开始，同年三月十三日，经过加工定型的瓮山被乾隆皇帝命名为万寿山。

万寿山前山山坡较缓，与200多公顷的昆明湖水面相对应，采取"因山筑室""以寺包山"的方式构造大量建筑，以增加自然山川的气势。辉煌的崇楼宫室，严整中又富于变化，反映出封建社会后期帝王生活的特点，体现出清代皇家园林宏大的气势和典丽的风格；万寿山后山山势较陡，地势狭长，山上亭台掩映、清幽深邃，建筑布局灵活而自由，富于自然山林的风致和意境。经过晚清历史战乱，万寿山上植被及建筑已被破坏。光绪十二年（1886），执掌朝政的慈禧太后以清漪园废基为基础修建颐和园，沿用了万寿山、昆明湖原有的规划格局，但是由于不重视修养山貌，开始出现水土流失的问题。1928年至1948年，未见有维护颐和园山貌的任何记载，山路年久失修，水土流失更加严重，杂草丛生。

1949年后开始治理万寿山。自1949年至1979年的30年间，万寿山个别山头下降约一米。1980年调查全山山路及排水情况并用5年时间全面翻修全部山路，在山路两侧砌青石荷叶沟排水，砌包山脚多处，水土流失有所好转。从20世纪90年代开始，全园进行绿化调整，结合治山，平垫沟洼，恢复景福阁北至乐农轩东的原始山貌，并清理万寿山全山山坡，增砌青石包山脚护坡和太湖石护坡，铺设云片石地面，翻修路面，清除全山杂草改铺草坪。历史上遗留的水土流失问题以及山貌绿化问题均得到良好解决，万寿山的山形得到较好维护。

2. 昆明湖

昆明湖是颐和园的精髓，它近220公顷的水面约占整座园林面积的四分之三，最初是一个天然湖泊，距今已有3 500年以上的历史，比北京城的历史还要长。1995年，中国地矿部设立的"昆明湖沉积研究课题组"，根据中国社科院考古研究所 14C 实验室和北大考古系质谱实验室提供的数据，得出结论：瓮山泊是在河漫滩基础上发育起来的浅水湖泊。距今 3 500～3 000 年的夏商时期，是湖泊的雏形阶段，水体处于变化动荡中；距今 2 300 年左右的商至周末，湖区稳定成型；距今 2 300～900 年的周末至宋代，湖区水量减少，一度干涸；元明时期湖水增加，水体稳定；清乾隆十四年（1749）以后，自然湖泊变为人工湖泊。

　　昆明湖（时称西湖）的人工开挖改造始于清乾隆十四年，时年在西湖的西面和北面建有静明园、静宜园，东面建有圆明园、畅春园，此四园有的有山无水，有的有水无山，而位于四园中心的瓮山则具有面南的好朝向，它与西湖所形成的北山南水的地貌结构如加以适当的改造则可以成为天然山水园的建园基址。乾隆皇帝经过缜密的地质勘测之后，决定在此处建造一座大型皇家园林，而修造园林的先期工作则是整理北京西北郊的水系。乾隆初年，西湖是北京西北郊最大的一个天然湖泊，它不仅供应城市用水，还接济通惠河上游漕运，并灌溉附近大片田地，而越来越多的园林用水使湖水分流供不应求。加之明代以来，雨后西湖湖水泛滥，堤岸经常决口，不仅冲毁堤岸，而且对湖东面的农田及地势较低的畅春园等处构成威胁。为此，乾隆皇帝在 1749 年冬天，以兴修水利的名义，动用国库银两，雇用民工，利用农闲，在近两个月的时间里，按照预先规划好的园林设计方案，对西湖进行了一次史无前例的疏浚扩展。工程主要有两项内容：一是修整西山、玉泉山一带的水道和泉眼；二是拓展西湖扩大蓄水容量。"西海受水地，岁久颇泥淤。疏浚命将作，内帑出余储。乘冬农务暇，受值利贫夫。葳事未两月，居然肖具区。"乾隆皇帝这首御制诗是此项工程的真实记录。挖湖工程历时两个月，于乾隆十五年（1750）一月完工。同年三月十三日，乾隆皇帝发布谕旨将改造后的湖泊定名为昆明湖。昆

089

四
颐和园山水览胜

明湖的开挖定型，结束了天然湖泊的地貌，逐渐从地下湖演变成地上湖，天然湖转变成人工湖，并以3 300余亩的辽阔水面，纳入皇家御用湖泊之列。

为庆祝母后六十岁寿辰，孝行天下的乾隆皇帝将精心筹划设计的山山水水、廊阁亭榭的蓝图呈于慈母，清漪园土木工程由此全面展开。在圆静寺旧址建"大报恩延寿寺"，改瓮山为万寿山；并用浚湖的土方筑造堤岸、填缓万寿山的陡坡，使昆明湖水与万寿山形成环抱之势，奠定了以湖山为主的园林基调。经过十余年不间断的工程，造就了一幅结构丰满、布局合理的自然山水画——烟波浩渺的昆明湖上，一纵一横地平卧连接南湖岛与东堤的十七孔桥和一线西堤。远景是无尽的田畴平野，

昆明湖西堤

一直延伸到遥远的天际；东望则园外湖泊村庄星罗棋布，衬托着当年皇家园林畅春园的鸟瞰全景；西望，玉泉山、西山借景与园内之景浑然一体。江南名园的灵秀清透与北方园林的粗犷豪放在清漪园中完美结合，自然景观与人文景观的整合与渗透，中国传统文化与造园艺术的相借相因，将清漪园推向中国古代园林营造的顶峰。

颐和园的造园艺术以水景取胜，占全园四分之三的昆明湖是北京园林中最大的水体，主要建筑全部绕水而建，环湖的石栏板将水与陆地的过渡处理得自然而无痕；清澈的湖面倒影映着秀丽的万寿山、巍峨的佛香阁，使湖山景致和谐地统一在一起。在湖面处理上，颐和园更是继承了中国传统的"一池三山"的造园艺术，涵虚堂、藻鉴堂、治镜阁三座水中岛屿鼎足而立，

四

颐和园山水览胜

● 清漪园时期的治镜阁 (1869 ~ 1870)

寓意神话传说中的"海上三仙山"。这种一池三山的理水手法，源于蓬莱、方丈、瀛洲海上三仙山的传说。传说这三山在渤海中，是仙人居住的地方。据《史记·秦始皇本纪》记载，齐国人徐市（又名徐福）给秦始皇上书说，海中有三座仙山，名为蓬莱、方丈、瀛洲，为群龙所聚之地，有金玉琉璃之宫，群仙来到此处都不欲升天，便在此居住。对于渴求长生不老的秦始皇来说，这可是他求得仙丹的大好机会，于是派徐市带领童男童女数千人入海求仙。这个美好的传说从此代代相传，寄托着从秦始皇以来的历代帝王向往长生不老的愿望，"一池三山"也成为园林理水必遵循的一个原则而得以发扬光大。昆明湖三岛虽未因袭旧名，但在形式上却是异曲同工，体现着乾隆皇帝"一道长堤界两湖，三间高阁居中区。山光水色东西望，鱼跃鸟鸢飞上下俱"的规划思想和艺术效果。

在湖的西部，一条仿杭州西湖苏堤而建的榆柳障目的漫漫西堤，将湖水分割为昆明湖和团城湖两块水域。远远望去，这条长堤与玉泉山、西山的借景环境融合在一起，使颐和园有限的空间大无边际。堤上六桥，形态各异、婀娜多姿，像六颗散落的明珠，像使人思维跳跃的音符，被一条长堤串起，如果没有这六桥的点缀，西堤将顿失逶迤。湖中还有宏大的十七孔桥如长虹偃月倒映水面，在湖畔岸边，还建有著名的石舫和赏春观景的知春亭等点景建筑。惟妙惟肖的镇水铜牛与湖对岸的耕织图建筑群遥相呼应，演绎着"汉家歌笑昆明上，牛女徒成点景为"的粉墨画卷。

五

颐和园轶事两则

1. 太平花

据说排云门前的太平花是慈禧太后时期栽种的。1903 年以后，慈禧经常在园中接见外国使臣，总是特意将洋客人带到这里欣赏此花。意在向洋人示好，希望天下持久太平。那时候，慈禧太后还经常用太平花作为礼品赏赐给王公大臣。因此，太平花也就越传越远，越传越奇。不少王公大臣、富贵人家都以种植太平花为荣。

太平花原产于四川剑南一带。此花枝叶繁茂，花色乳黄而清香。其花是数朵聚在一起开放的，而且繁密若缀，旧花尚未枯萎新蕊便绽放，前后相继，颇为美丽。所以，蜀人称它为"丰瑞花"。后来，有人将丰瑞花绘画成图以传天下。人们发现，将丰瑞花丛植于草坪、林苑、园路拐角和建筑物前、假山石旁，尤为得体。于是，宋仁宗时，有人把这种花献到京师汴梁，就是现在的开封。宋仁宗非常喜欢，认为此花寓意太平，就赐名为"太平瑞盛花"，并将其种植于庭院之中。天会五年（1127），金兵攻进汴梁城，从宋朝的御花园中将太平瑞盛花移栽到金中都和北京的西郊。

金朝灭亡以后，金中都皇城的太平花被毁弃。可是，种植在北京西郊的太平瑞盛花却开得旺盛。清朝皇帝发现这种花以后，也认为是美好的征兆，遂将其移植到了畅春园和圆明园。嘉庆死后，为与其庙号避讳，道光皇帝下令把太平瑞盛花的"瑞盛"两个字去掉，就直接称为"太平花"了。

然而，太平花也是饱经劫难的。咸丰十年（1860），英法联军火烧了西郊的三山五园，太平花几乎全遭焚毁，只有畅春园中幸存了两株。慈禧太后修建颐和园的时候，把残存的这两株太平花移栽到排云门的两边。谁知道 40 年以后，八国联军又侵占北京，排云门前的太平花再次遭到浩劫。慈禧西巡归来，见到太平花枯竭死亡，十分伤心，命人不得将太平花的花池改种其他花卉。谁知，野火烧不尽，春风吹又生。第二年的春天，有一棵竟然冒出了新芽，这让慈禧太后异常兴奋，派人精心呵护，并移植了一部分种在排云门的另一侧。

暮春时节，太平花幽香四溢，花苞千百并翠盛开。历史上，一种花卉历经两朝皇帝赐名，还是比较罕见的。"太平花"三个字简捷而祥瑞，所以，该名称一直沿用到现在。

● 盛开的太平花

2. 眺远斋的传说

京西有一座远近闻名的妙峰山，山上有一座娘娘庙，每年四月初五开庙会。当时北京和京畿各县，民间组织了很多花会，去妙峰朝山。每年从四月初一开始，有不少档会，要经过大有庄庙前广场停下耍会。会旗、彩旗迎风招展，锣鼓喧天，鞭炮齐鸣。有唱的，有跳的，有耍的，有打的，非常热闹。而颐和园里却冷冷清清。有一年四月，慈禧从景福阁来到谐趣园游玩。她听见园外震天的锣鼓声，问李莲英："园外怎么这么热闹，干什么的？"李莲英急忙回奏说："外边过会呢。"慈禧说："我想看看走会的。"这一句话可把李莲英吓坏啦！他急忙叩头回奏说："老佛爷出园去看耍会，惊了驾奴才可担当不起。今年的会快过完了，明年给老佛爷专修一座宝殿，不用出园，就能看到。"

就在当年秋天，李莲英传慈禧太后的旨意，命内务府主管工程的大臣大兴土木，建造起了眺远斋。到了第二年四月过会的日子，李莲英进乐寿堂跪奏："请老佛爷起驾去看会。"慈禧上了八抬大轿，宫女、太监一大群跟随轿后，李莲英扶着轿杆缓慢地向后山走。过了赤城霞起城关，再经过谐趣园宫门向北转过山口，行到眺远斋。请慈禧坐在正中宝座上后，李莲英跪奏说："请老佛爷向外看。"慈禧向北一看，见庙前人山人海，团团围看耍会，真是热闹。慈禧觉得非常开心，连连夸赞李莲英会办事。从此眺望斋就成为慈禧看花会之所了。

结束语

颐和园集中国古代传统文化和皇家文化之大成，涵盖了人类自然与人文领域众多科学和艺术成就，是中国古代园林艺术史上的一个概括性总结，具有里程碑的意义。颐和园代表了中国皇家园林的最高艺术成就，是利用自然、人化自然的东方园林巨制，在世界造园史上有独特的历史地位。

1998年颐和园被联合国教科文组织列入《世界遗产名录》，并给予高度评价：

1.北京的颐和园是对中国风景园林造园艺术的一种杰出的展现，将人造景观与大自然和谐地融为一体；

2.颐和园是中国的造园思想和实践的集中体现，而这种思想和实践对整个东方

园林艺术文化形式的发展起了关键性的作用；

3.以颐和园为代表的中国皇家园林，是世界几大文明之一的有力象征。

如果说中国古代封建帝制赋予了颐和园帝王独享的皇家苑囿的前世，那么，在首都建设世界城市的今天，则赋予了颐和园更为丰富的今生，颐和园事业的发展、文化的弘扬，无不融合于城市文化事业的发展中。在当今社会，颐和园作为调节城市生态的自然山水群落，发挥着积极的作用，并成为体现古都风貌的重要标志和建设园林城市的显著例证。

中国历史年代表

五帝			约前 2900—约前 2000	
夏			约前 2070—前 1600	
商	商前期		前 1600—前 1046	前 1600—前 1300
	商后期			前 1300—前 1046
周	西周		前 1046—前 256	前 1046—前 771
	东周			前 770—前 256
	春秋			前 770—前 476
	战国			前 475—前 221
秦			前 221—前 206	
汉	西汉		前 206—公元 220	前 206—公元 25
	东汉			25—220
三国	魏		220—280	220—265
	蜀汉			221—263
	吴			222—280
晋	西晋		265—420	265—317
	东晋			317—420
南北朝	南朝	宋	420—589	420—589
		齐		479—502
		梁		502—557
		陈		557—589

		北魏		386－534
		东魏		534－550
	北朝	北齐	386－581	550－577
		西魏		535－556
		北周		557－581
隋			581－618	
唐			618－907	
		后梁		907－923
		后唐		923－936
五代		后晋	907－960	936－947
		后汉		947－950
		后周		951－960
宋		北宋	960－1279	960－1127
		南宋		1127－1279
辽			907－1125	
金			1115－1234	
元			1206－1368	
明			1368－1644	
清			1616－1911	
中华民国			1912－1949	
中华人民共和国			1949－	

文明起源史话

黄河史话

长江史话

长城史话

体育史话

杂技史话

小说史话

饮茶史话

书法史话

服饰史话

古塔史话

西藏宫殿寺庙史话

七大古都史话

故宫史话

民居史话

 饮酒史话

 绘画史话

 诗歌史话

 园林史话

 孔庙史话

 武术史话

 戏曲史话

 瓷器史话

 敦煌史话

 陶器史话

 丝绸史话

 汉字史话

 节日史话

 天坛史话

 民族乐器史话

 饮酒史话

 绘画史话

 诗歌史话

 园林史话

 孔庙史话

 武术史话

 戏曲史话

 瓷器史话

 敦煌史话

 陶器史话

 丝绸史话

 汉字史话

 节日史话

 天坛史话

 民族乐器史话

《中华文明史话》 彩图普及丛书

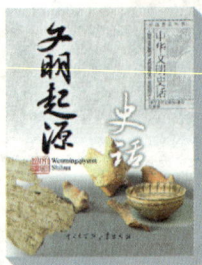
文明起源史话

黄河史话

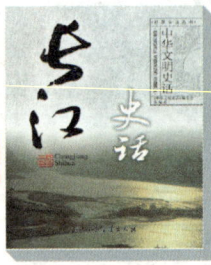
长江史话

长城史话

体育史话

杂技史话

小说史话

饮茶史话

书法史话

服饰史话

古塔史话

西藏宫殿寺庙史话

七大古都史话

故宫史话

民居史话

颐和园史话

圆明园史话